产品战略规划丛书 IV

产品经理资质培养指导教材

产品价格战略

PRODUCT PRICE STRATEGY

董 征 张甲华 金 灿 编著

金盾出版社
JINDUN PUBLISHING HOUSE

产品战略规划

图书在版编目（CIP）数据

产品价格战略 / 董征，张甲华，金灿编著. -- 北京：金盾出版社，2025. 7. --（产品战略规划丛书）.

ISBN 978-7-5186-1870-5

Ⅰ. F274

中国国家版本馆 CIP 数据核字第 2025E9E077 号

产品价格战略

（产品战略规划丛书）

董征　张甲华　金灿　编著

出版发行：金盾出版社
地　　址：北京市丰台区晓月中路 29 号
邮政编码：100165
电　　话：（010）68276683
　　　　　（010）68214039
印刷装订：北京印刷集团有限责任公司
经　　销：新华书店

开　　本：787mm × 1092mm　1/16
印　　张：14.75
字　　数：230 千字
版　　次：2025 年 7 月第 1 版
印　　次：2025 年 7 月第 1 次印刷
定　　价：75.00 元

总 序

中国改革开放的40多年，是经济大发展的40多年，也是中国企业不断探索，学习国外先进产品和管理理念的40多年。走到现在，国外先进产品、技术几乎已经学得差不多了，随着中国的消费升级，那些只模仿而不进行产品创新的企业，找不到自己的发展方向，只能加入无休止的“内卷”。

管理只能提高效率，不能解决企业的生死，只有产品才决定企业生死。虽然中国学习国外的企业管理理论已有几十年，各大学的经济管理学院招生都比较火爆，开设MBA（工商管理硕士）的大学越来越多，中国企业的管理水平也大大提升，但是在当前的产业转型升级和供给侧结构性改革中，很多职业经理人或企业老板仍感觉无能为力，甚至无从下手。

当前中国企业应该由管理时代向经营时代转变。企业家们应该有新一轮的思考：企业经营的本质是什么？应该是经营产品。企业经营从内容上可以分为对“人”的经营和对“产品”的经营，但企业家们长期对产品经营重视度不够。在学术层面产品经营也长期被弱化，研究普通员工的管理和客户营销的相关学术理论很多，特别是如何提升企业中高层的领导力和管理能力，而专门研究产品战略规划的相关理论和书籍则少得可怜。

如何解决企业当前产品竞争力不强、“内卷”严重的经营困惑呢？

笔者认为企业应该重视消费升级趋势和产业转型升级规律研究，基于新商业逻辑和产品价值体系，做好系统化的产品战略规划，实现产品的“好卖”并“卖好”，持续增强企业的生命力。

如何做好产品战略规划呢？

基于自身15年创业和18年管理咨询的经历，笔者反复思考企业如何进行产品战略规划，确保产品“好卖”并“卖好”，专注6年撰写了这套产品战略规划丛书:《需求洞察与产品定位》《极致产品打造与开发》《商业模式与数字营销》《产品价格战略》《品牌战略规划》《产品协同战略》《产业转型升级与产品开发战略》。

产品战略规划的本质是实现产品的“好卖”和“卖好”，主要包括以下内容。

“好卖”的产品应该同时具有产业前瞻性、良好的市场性、明确的价值定位和独特的产品精神。

（1）产业前瞻性是指企业应该遵循产业的发展规律和转型升级路径，规划设计企业的转型升级战略，并制定相应的产品开发战略，也就是企业的产品战略规划应该符合产业分化的发展规律。产品首先具有产业发展的前瞻性，才能为企业指明技术研究方向，才能引领消费者。其相应内容在产品战略规划丛书的《产业转型升级与产品开发战略》中阐述。

（2）良好的市场性是指产品首先解决的是市场上的真需求，其次是要有巨大的市场规模潜力、精确的产品定位和目标市场定位。其相应内容在产品战略规划丛书的《需求洞察与产品定位》中阐述。

（3）明确的价值定位是指产品设计基于新商业逻辑和产品价值模型理论，有明确的、独特的价值功能诉求和定位，具有良好的产品体验。其相应内容在产品战略规划丛书的《极致产品打造与开发》中阐述。

（4）独特的产品精神是指产品应该具有文化元素的灵魂，具有独特的产品精神和产品基因，指引产品不断迭代升级和传承。其相应内容在产品战略规划丛书的《极致产品打造与开发》中阐述。

产品要实现“卖好”应该做好产品的协同战略、价格战略、品牌战略和数字营销，使企业产品从各自为战走向集团军协同作战。

（1）协同战略是指构建产品之间科学、多功能的产品组合，规划好产品间的协同战略，制定好竞争产品的区隔策略，使企业各产品之间形成一个相互协同的有机系统，提升产品竞争力，实现产品“好卖”和“卖好”。其相应内容在产品战略规划丛书的《产品协同战略》中阐述。

（2）科学的价格战略是指根据产品协同战略利用消费心理效应采取多样化的价格管理技巧和策略，科学利用价格战，提高产品的吸引力。制定产品价格战略是一个系统性工程，定价不是价格管理的结束，而是价格管理的开始。其相应内容在产品战略规划丛书的《产品价格战略》中阐述。

（3）良好的品牌战略为产品注入燃烧的激情，赋予内在精神，点燃人们的内心。企业应紧扣时代脉搏，以全新视角规划品牌战略，系统构建企业的品牌战略框架，并做好品牌打造、品牌传播、品牌体验和品牌升级，打造一个具有强大影响力和竞争力的品牌。其相应内容在产品战略规划丛书的《品牌战略规划》中阐述。

（4）数字化销售预警体系是指为了保证产品战略规划策略落地并实现预期目标，既要采用 $APPEALS 模型和 FFAB 模型深刻挖掘产品卖点，也要像火箭飞行过程中的预警和时刻调整一样，采用大数据、数字化等新技术科学预测、设计、监控并调整产品的成长轨迹，保证产品良性成长和战略目标实现。其相应内容在产品战略规划丛书的《商业模式与数字营销》中阐述。

本套产品战略规划丛书旨在阐明：要想解决企业长久的健康发展问题，出路在于重视产品经营并做好产品战略规划；从产业分化规律和洞察真实需求出发，结合产品价值理论和产品定位打造极致产品，科学规划产品协同战略，做好价格战略和品牌战略，利用数字化新技术时刻监控并及时优化营销策略，实现产品“好卖”并“卖好”，确保企业可持续、高质量发展。本套产品战略规划丛书是产品经理职业技能的核心内容，可作为产品经理资质培养指导教材。

2024 年 9 月，笔者参与起草了《产品经理资质等级与认定团体标准》（已于 2025 年 1 月发布），已授权作为本丛书的附录，详细内容参见《产业转型升级与产品开发战略》附录。

张甲华

2024 年 11 月

前言

价格对企业的生存至关重要。产品价格战略是企业战略的一部分，决定企业的收入和利润。合理的价格体系能够驱动各个环节的利益，支撑整个销售渠道的运作，确保产品能够持续畅销。合理的价格策略有助于企业建立品牌形象，提升产品附加值和市场认可度。

产品价格直接影响消费者的购买决策。在市场竞争中，价格策略是竞争战略的重要组成部分。通过制定科学、合理的产品组合价格体系，企业可以在市场中获得竞争优势，吸引消费者并实现盈利。

有人说，降价永远是硬道理，没有卖不出去的产品，只有卖不出去的价格，价格一降，销量立竿见影。但是随着消费升级，价格战失效案例不胜枚举，低价竞争越来越没有意义。

产品价格战略是一个系统性工程，如何制定产品价格战略提升企业的综合竞争力呢?

本书分为四篇，系统阐述了产品价格战略的理论、框架、策略和方法工具。

第一篇是产品价格战略基础，包括产品价格的基本理论、产品价格界定的模型和方法、产品价格定位、价格管理的心理效应等，为产品价格战略的制定与运行管理提供理论支撑。

第二篇是新产品定价战略，包括新产品定价的常用方法、产品定价的9种常规策略、产品定价的技巧、产品价格带与产业的适销度匹配，以及新产品定价流程等内容，帮助企业制定科学、合理、有综合竞争力的产品价格体系。

第三篇是产品价格管理战略，包括产品价格的认知规律、产品价格的沟通与监控、产品价格的调整方法、产品的动态价格管理、产品组合价格管理等，保证了产品价格有效、顺畅地运行，持续保持竞争力。

第四篇是产品价格竞争战略，包括正确认识价格战的本质，制定科学有效的价格战应对策略。

本书内容有以下几个特点。

（1）针对性强，直击企业价格战略管理的困境和痛点。不但告诉企业如何科学合理地制定新产品价格，还论述了如何监控、调控和管理产品价格体系，通过多个产品定位和价格组合提升产品的协同作战能力。

（2）系统性强，系统阐述了产品价格战略框架体系。既总结了产品价格的理论基础，也讲述了新产品定价战略、产品价格管理战略和产品价格竞争战略。

（3）应用广，本书提到的产品价格既包括有形产品的价格，也包括无形产品的价格，适用于绝大多数的行业产业，是一系列产品价格战略管理的方法论。

作者团队由会计学学者董征和实践专家张甲华、金灿组成，有助于本书做到理论与实践的完美结合。董征主导构建了本书的整体框架并编写了第一篇产品价格战略基础和第二篇新产品定价战略的第 5 章、第 6 章、第 7 章，并进行最后统稿；张甲华负责编写了第二篇新产品定价战略的第 8 章和第三篇产品价格管理战略；金灿负责编写了第四篇产品价格竞争战略。

张甲华

2024 年 11 月

目 录

第一篇 产品价格战略基础

第二篇 新产品定价战略

第三篇　产品价格管理战略

第四篇　产品价格竞争战略

第一篇
产品价格战略基础

产品价格战略是指以企业总体战略和效益目标为依据，为实现占领目标市场的要求而对产品价格目标、价格水平、价格手段等作出的谋划与方略。

产品价格战略可以分为新产品定价战略、价格管理战略和价格竞争战略。价格竞争战略的重点是知己知彼和掌握主动，避免恶性价格竞争。

第 1 章

产品价格基本原理

1.1 理解价格与定价

产品价格是产品价值的表现形式，价值决定价格，包括制定初始价格及经营过程中的产品价格调整。

那么价格的本质是什么，受何影响，以及价格本身变化会带来什么影响呢？在现实的经济活动中，任何品牌对产品的定价都不能脱离产品、需求、替代品、竞品、弹性等要素，否则只能造成定价失败。

1.1.1 价格

价格指用货币形式来表现单位产品的价值多少，即价格是单位价值量，定价的本质是为价值制定价格。

因此，理解价格首先要理解价值，一切能够流通的产品，都包含使用价值和价值两重因素。使用价值描述的是自然属性，即给人带来什么效用；价值描述的则是社会属性，指一个产品能够流通所必须具有的交换价值，连接的是价值量和价格。

产品必须有使用价值和交换价值才能称之为商品。另外，商品价值和价值量多少主要通过价格体现。目标客户群是为了获得商品的使用价值，而企业提供产品则是为了获得交换价值。

在现代市场经济学中，狭义上的价格，指为产品或服务收取的货币总额，交易中买方需要付出的货币代价；广义上的价格，指目标客户群为获得、拥有或使用某种产品或服务的利益而支付的价值。价格有多种存在形式：租金、费用、工资、App中可兑换的积分等。价格有多个构成部分，产品价格往往包括生产成本、税金、期望的利润、渠道费用、营销费用等。

1.1.2 价格的形成理论

关于价格如何形成，主要有三种理论。

一是劳动价值量论，认为价格取决于生产该产品所要付出的代价，如生产成本、劳动及社会必要劳动时间。商品价值量与生产该产品的社会必要劳动时间成正比关系，商品价格与商品价值量成正向关系。

二是边际效用价值论，认为价格取决于产品的边际效用。因为边际效用具有递减效应，所以只有最后一个单位所具有的效用才能显示出价值量因稀缺程度的变动而带来的变动。该理论的重点之处是，产品价值只是表示人的欲望同产品满足这种欲望的能力的关系，即目标客户群对产品效用的感觉和评价，并认为效用是价值的源泉，稀缺性和效用性相结合才是产品价值形成的条件。与边际效用价值密切相关的概念是意愿支付价格，是目标客户群主观心理上愿意付出的价格，区别于实际支付价格，两者一般不会相等。实际上目标客户群很难判断价格背后的价值量，意愿支付价格通常随产品的边际效用递减而降低。

三是供求均衡论，该理论认为价格是由供给、需求双方的均衡点决定的，这个均衡点是供给量和需求量相等时所达到的价格水平，这个均衡点的价格便叫均衡价格，供需均衡关系如图1-1所示。

需求，是指一定时间和价格条件下，买方对某种产品愿意且能够购买的数量，市场需求量是某种产品市场上的所有买方需求之和。

影响需求的关键因素是产品价格，需求与产品价格是反向变动的，即产品价格上涨需求量下降，曲线形态呈现向右下方倾斜。也就是说，产品价格变动引起的需求变化是需求量的变化，而相关产品、目标客户群收入、偏好引起的则是需求曲线的整体变化。

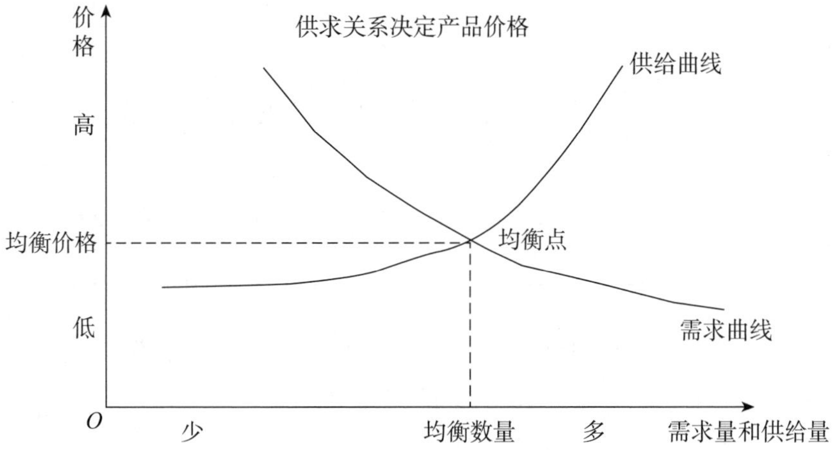

图 1–1　供需均衡关系

怎么理解呢？

需求量的变动是沿着需求曲线变化的，价格上涨需求量沿着需求曲线减少；需求的变动则是需求曲线向左或向右移动，比如目标客户群转而购买替代品，即曲线向左移动。

供给则表现相反，只考虑产品价格因素，供给与产品价格是正向变化，曲线形态呈现向右上方倾斜。同样，这个供给变化也是指供给量的变化。

供给与需求两条曲线相交的点就是均衡点，这个点的价格就是市场平均价格水平，叫均衡价格，这个点的供需数量叫均衡数量。

在现实中，均衡是偶然、暂时和相对的，供求两者的关系博弈是“平衡—失衡—再平衡”的循环过程，这就是市场经济中“无形的手”在起作用，价格总是在这个均衡点上下波动。

价格的基础是劳动决定的价值量，同时受边际效用规则和市场供求的变化影响，即劳动和成本是决定产品价值的基础，但表示产品效用的使用价值、稀缺性、交换价值、市场供需的变化都会对产品价值产生影响。

1.1.3　需求价格弹性

需求量对价格变动的反应程度，可以用需求价格弹性系数来表示。需求价格弹性系数等于需求量变动量除以价格变动量，需求价格弹性如图 1–2 所示。

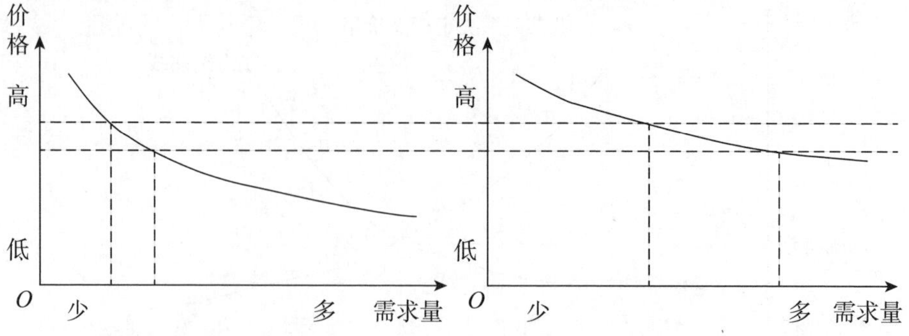

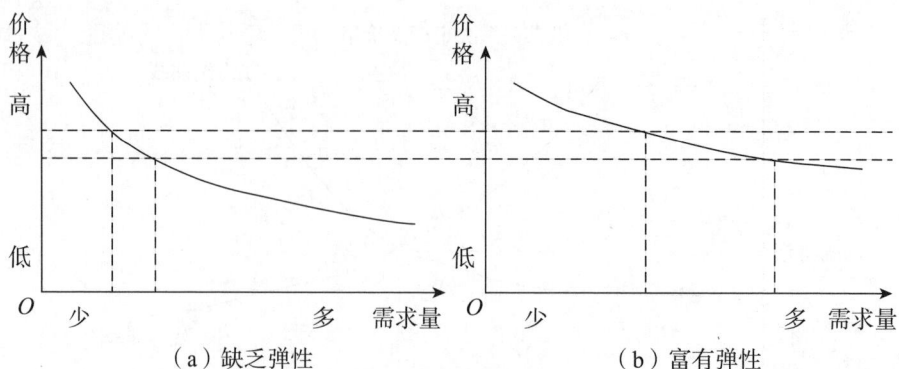

（a）缺乏弹性　　（b）富有弹性

图 1-2　需求价格弹性

因为假设了价格与需求量成反比，所以能作出“价格—需求量”变动曲线。“价格—需求量”变动曲线越陡峭，就说明价格弹性越大，产品并非刚需，消费者对价格很敏感。

当需求价格弹性的绝对值大于 1 时，表示需求量对价格变动敏感，富有弹性。

当需求价格弹性绝对值小于 1 时，表示需求量对价格变动不敏感，缺乏弹性。

当弹性系数等于 1，则表示单一弹性，需求量的变动和价格变动量的大小是一样的。

需求弹性为 0 时，则代表完全无弹性，即此商品存在着与价格无关的刚性需求。

一般情况下，不同的产品价格弹性是不一样的，一种产品的价格弹性取决于四方面：一是产品的重要性，对目标客户群越重要弹性越大；二是用途的多少，用途越多弹性越大；三是替代品的数量和相近程度，替代品越多弹性越大；四是时间，时间越长，产品需求价格弹性就越大。

另外与需求有关的弹性理论，还有需求交叉弹性，是指一种产品需求量对另一种产品价格变动的反应程度，可以用来研究两种产品之间的相关关系。

1.1.4　与价格相关的效用论

在影响需求的目标客户群因素层面，还有目标客户群偏好，偏好源于效用。

产品效用是指产品满足人们某种欲望的能力，或指目标客户群感受到的满足程度。效用虽然有共性，但更多的是一种主观心理感受，没有客观标准。关于效用有两种理论，即基数论和序数论，两者的区别是能否对效用直接衡量。

1. 基数论

即边际效用论，规律是使用某产品时总效用是增加的，但边际效用总是递减的。在经济学中还有一个与边际效用联系紧密的概念，叫消费者剩余，指目标客户群意愿支付价格与实际支付货币的差额，意愿支付价格取决于边际效用的大小。

参考《国富论》中的“水和钻石悖论”：水的使用价值更大，但是人们已经拥有了充足的水，水的边际效用却很低，拥有极小的交换价值，甚至没有；钻石几乎没有使用价值，边际效用却很高，交换价值很高。如图 1–3 所示。

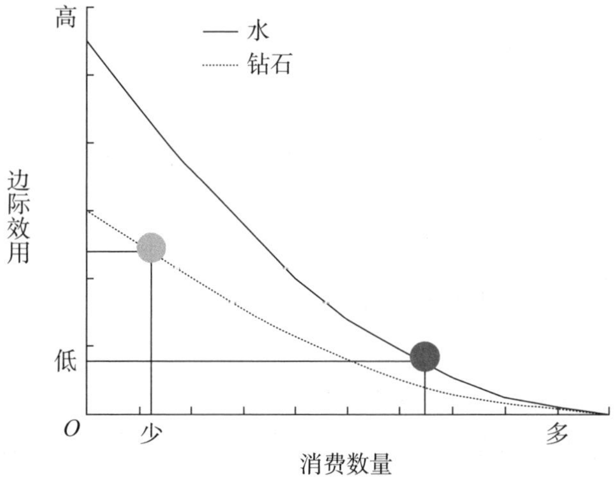

图 1–3　边际效用

主观价值论认为，商品的价值就是它的使用价值（效用）。在一个完全竞争的市场中，一件商品的价格，就是它的交换价值，能够刚好使其边际效用等于其边际成本。

2. 序数论

也叫偏好论，表示目标客户群对产品的喜好程度、个人主观心理。与其有着重要关系的概念叫消费者均衡，指在个人预算和价格既定的条件下，目标客户群会选择他能够购买得起的最优消费组合。消费组合是千差万别的，在条件约束下，目标客户群只会偏好其中一种，这个组合可以是一个产品，也可以是一组产品。比如说某家早餐店，再多的馒头对目标客户群而言几乎没有价值可言，要么，买得越多价格越便宜，让目标客户群的边际成本降低，按量定价；要么，馒头搭配牛肉面或其他产品捆绑出售，利用价格锚点，打消价格敏感。

交易效用理论由芝加哥大学塞勒提出。他设计了一个场景：炎夏的沙滩上，你渴望喝杯自己喜欢的啤酒，这时正好同伴要回酒店打个电话，问你是否需要看看附近小卖部有没有啤酒卖，问你最高给多少钱，价格在报价之内，他就帮你买回来，高于这个价格他就不买了。

那么你最多舍得花多少钱在这个小卖部买上一杯啤酒呢？

塞勒让一组人回答了这份问卷，平均报价是 1.5 美元。然后他把小卖部改成高级酒店，让另一组人回答，平均报价是 2.65 美元。在同一个海滩上喝同样一杯啤酒，从酒店买和从小卖部买给人带来的消费感受是不同的。

如果朋友说是花了 2 美元从酒店买来的，你一定会非常高兴，因为这比你心理价位节省了 0.65 美元，获得了很大的交易效用。而如果说是从小卖部买来的，你就会觉得花 2 美元吃亏了，虽然喝到了同样的啤酒，但是心里却不开心，因为此时交易效用是负的。

（1）比例偏见。

交易效用理论可以解释很多非理性消费现象。

你网购一本书，现在是 100 元。旁边有个倒计时降价器，显示 30 分钟后这本书的价格将促销为 50 元。你会等 30 分钟后再去买吗？

你网购一台双开门电冰箱，现在是 5100 元，旁边的倒计时降价器显示 30 分钟后这个电冰箱将促销为 5050 元。你会等 30 分钟后再去买吗？同样是省了 50 块钱，但是买书相当于节约了 50%，交易效用很高；而买电冰箱只节约了 1% 不到。

交易效用是由于价格差额与售价的相对比例引起的，这就是比例偏见。

打折促销带来的交易效用是刺激购买的手段之一，很多人因为打折而买了很多很少穿的衣服鞋子，或者能用几年的卫生纸……这就是在购买的时候，打折带来的交易效用给人们带来的购物快感所致。

（2）不合算交易偏差。

交易效用是合算交易偏差，消费者作决策时总是受到一些无关的参考影响，并从参考价格与实际价格的差额中获得满足感。

觉得划算，就有非理性消费的冲动。反之，觉得不划算，就会有非理性不消费的行为。

国内电商大型促销有“618”（6 月 18 日）、“双 11”（11 月 11 日）、“双 12”（12 月 12 日），每年这 3 个时间段促销力度会比较大。比如某个品牌的衬衫 A 和 B，你的心理价位都是 300 元，6 月 22 日你正好准备买这个品牌的衬衫，看到 A 衬衫“618”促销价 200 元的广告图片还没有换掉，但是价格已经回到了 300 元；而 B 衬衫没有促销广告图片，价格也回到 300 元。此时，交易偏差会让你选择 B 衬衫，而不是 A 衬衫。

利用边际效应递减规律，可以研究目标客户群需求的变化，合理作出产量决策和价格调整，还能指导企业及时推陈出新，做好产品的更新迭代，建立和保持与目标客户群需求相适应的产品结构。利用消费者均衡规律，准确分析目标客户群收入水平、心理偏好及自身条件，有助于正确制定产量决策、产品价格和不同的产品组合以适应市场需求。

1.1.5　价格理论

对于卖方，即供给方，与其有密切关系的是供给价格弹性、生产函数、成本函数、市场结构等概念。

供给价格弹性，指供给量对产品价格变动的反应程度。由于供给规律的作用，供给量与价格的变化是同向的，即价格上涨供给量也上涨，如图 1–4 所示。

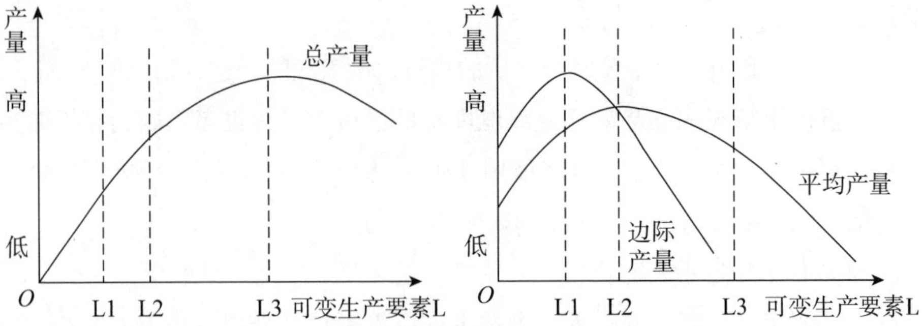

图 1–4 产品生产曲线

产品价格的变化将影响供给方调节产量和生产要素的投入，生产要素的投入就是成本，包括劳动、土地、资本等，生产函数即用来描述投入生产要素与产量之间的关系，这形成了不同企业的生产水平和生产经验。

成本，就是指投入生产要素所要付出的货币成本，一般都是指短期的，因为长期来看没有什么是不变的，短期总成本等于总固定成本与总可变成本之和。

固定成本，指在短期内不随企业产量和销售收入的变化而变化的生产费用，如厂房设备的折旧费、租金、利息、固定的薪金等，与生产水平无关。

可变成本，随生产水平的变化而直接变化的成本，如原材料费、生产人员的工资等，不生产时可变成本等于零，如图 1–5 所示。

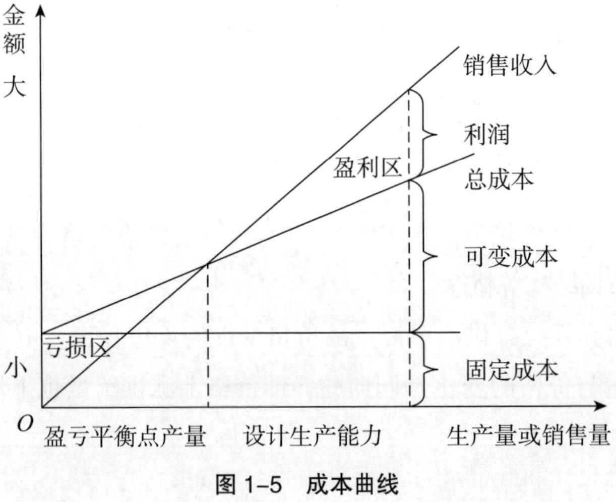

图 1–5 成本曲线

买方和卖方共同构成一个个市场，因为参与者及力量不同，形成不同的市场结构，市场结构指一个市场内部买方和卖方的数量及其规模分布、产品差别程度和新企业进入的难易程度的综合状态，简单说就是某种产品或服务的竞争状态和竞争程度，其划分和判断如表 1–1 所示。

表 1–1　市场结构划分

	完全竞争	垄断	垄断竞争	寡头
市场份额	微不足道	独占	比较少	比较多
产品差异	毫无差异	同质化	不全相同	同质 / 一定差别
进出难度	最容易	最难	次易	次难
竞争数量	非常多	只有一个	很多	几个
现实实践	小麦、玉米、牛奶	政府垄断 原材料垄断 规模经济垄断	啤酒、糖果等	电信、银行、石油、天然气等

不同市场结构下，卖方对价格的控制力是不同的。完全竞争市场中，无论买方还是卖方，大家都只是市场价格的被动接受者；完全垄断市场中，因为各种垄断因素构成垄断的企业则享有定价权，而买方则是价格的接受者；垄断竞争市场中，是既垄断又竞争的状态，所以卖方对价格有一定的决定权。

现实社会中价格歧视无处不在。在 4 种市场结构中，垄断市场最容易实现价格歧视，因为垄断市场只有一家企业，其完全享有定价权。

价格歧视，也叫差别定价或区别定价，但并不是一种常规意义上的歧视，指为了获取更大的利润而对产品规定不同的价格，根据对消费者剩余的剥夺程度可分为三级。

一级价格歧视。也叫完全价格歧视，指对每一单位产品都按照目标客户群的边际意愿支付定价出售，即按照目标客户群愿意支付的最高价格出售。

二级价格歧视。将全部产品分组，每一组产品按目标客户群边际意愿支付定价出售，可叫按量定价，比如多买多优惠、第二杯半价。

三级价格歧视。建立在不同的需求价格弹性基础上，指将消费者分为具有不同需求价格弹性的两组或多组，分别不同定价，也叫按群定价。现实世界中，所谓的“群”其实主要研究“有钱并且愿意花钱的人群”，目的都是让他们更多地花钱。用经济学来描述，就是对价格弹性较小（价格不敏感）的群体定价较高，反之则定价较低。

在一个高度透明的市场中很难实施一级歧视，现实中最多是二级和三级歧视，根据不同产品、市场细分、分销渠道和购买情境来实施，常常表现为地理歧视、人群歧视、关系歧视及时间、机会成本歧视。

互联网的发展也没有让价格歧视消失，信息科技让价格歧视更加正大光明，成为一种基于数据、行为的高度市场细分的动态组合定价。

最理想的价格应以企业所承担的成本及消费者所愿支付的价格为依据而定，企业所承担的成本应视为价格的下限，而消费者所愿支付的价格则应视为价格的上限。原则上价格应高过成本以赚取利润，但同时应低于消费者所愿支付的价格以便吸引更多顾客及扩大销售量。对一般企业而言，商品的最理想价格并不一定是促使销售量或销售额达到最大化的价格，而是促使利润达最大化的价格。

一般来说，一项价格研究可以解决下面诸问题中的一个或几个。

（1）当产品价格变化时，目标消费者的反应如何？

（2）如果产品提价或降价，对市场占有率和销售量有什么影响？

（3）市场上产品价格变化后，自己品牌和竞争品牌的地位会如何变化？

（4）使产品利润达到最大的销售价格应是多少？

（5）如何确定新产品、产品线扩张、产品范围扩张的价格或价格范围？

1.2 产品定价重要性

定价是一个系统性的工程，将直接或间接决定企业的生死。所以首先要明白并且重视定价的重要性，作为公司的重要战略去对待，才能让接下来的工作得以顺利进行。

1.2.1 产品定价和目标客户群息息相关

在品牌战略为核心驱动力的原则下，产品、定价等活动都要围绕产品的目标客户群而进行。若定价与目标客户群的特点或心理不匹配的话，价格将失去筛选作用，目标客户群会流失，而非目标客户群也不会认同。

定价就是选不同的客户群体。不同的定价，决定了你的客户群到底是谁，你在哪个领域和谁竞争，以及你的市场大小。比如爱马仕包和莆田生产的包，购买人群是不一样的。

1.2.2 定价决定产品与谁竞争

定价决定产品的竞争对手、竞争激烈程度，同时也决定产品的市场空间大小。选择一个高端形象的品牌作对手，或者将产品置于更昂贵的竞争对手之中，人们将默认你也是高端品牌。高端市场的竞争远没有低端市场竞争激烈，但市场规模和增长性相对较小。

定价决定市场竞争力大小，不同的定价会决定你和谁直接竞争。小米前期的千元价格手机，不是和华为、苹果手机进行市场竞争，而是和大部分中国山寨机的市场在竞争。小米手机通过成本重构，用山寨机的定价提供高价值产品，直接战胜了中国的山寨机市场，形成自己的产品竞争力。

1.2.3 价格暗示产品价值

定价就是能给顾客的价值大小。新产品上市时，关于产品价值大小的信息并不多，目标客户会通过价格来衡量和判断，考虑这个产品是不是值得买。当然，不仅包括产品的效用和功能价值，还包括这个产品的社交与精神价值。产品价值决定产品价格，定了一个价格，就要体现这个价格背后的产品价值。比如路易威登（LV）品牌的手提包定价十几万元，背后是这个品牌给顾客提供了彰显自己身份地位的社交价值。

若产品定价太高，产品价值和品牌无法支撑，目标客户群便不会购买，即使购买了也不会复购；若产品定价低于目标客户群的价格预期，目标客户群可能会基于“一分价钱一分货”“便宜没好货”的经验产生负面想法。

1.2.4 定价决定企业盈利情况

用一个简单的公式“收入 = 价格 × 销量”来表示更好理解。价格不仅直接影响销量，还与销量一起共同影响收入。与其他成本、营销组合等因素相比，价格是实现企业盈利的最重要工具。定价决定了企业经营的收入和利润。

定价背后代表着企业整个利益链，包含了顾客利益、员工利益、供应商利益、房东利益、股东投资人利益等。

产品的底价和最高价在哪，一定要算清楚，不只是产品成本，还要考虑背后多方面的利益链。

1.2.5 定价决定了企业的资源配置与价值链

不同的定价需要配置不同的产品、团队、服务、环境、营销等资源。比如，汉庭酒店的定价是每晚一两百元，必定同四季酒店三四百元以上的定价所配置的资源是不一样的。

企业的每项活动都是为目标客户群创造价值的经济活动，这个过程也叫价值链，只有创造的价值超过成本才能盈利。同时，定价最终会影响到其他因素的投入，即不同的定价背后意味着资源配置不同。公司不赚钱，怎么能高预算请到高级人才呢？没有高级人才，又如何更好地为目标客户群创造高价值？定价不对，会陷入负反馈。

总之，价格是公司、顾客、竞争对手等各方利益关系的焦点，如图 1–6 所示。

对企业来说，定价是实现盈利的工具，盈利是定价的目标，同时通过定价能构建品牌定位和形象，彰显品牌价值；对目标客户群来说，定价是感知和衡量品牌价值的工具，是筛选目标客户群的工具，是影响需求和购买决策的重要因素；对竞争来说，价格就是竞争力，是应对市场竞争的工具。

总之，定价决定企业战略重点、整个价值链、利润率和资源配置方向，甚至决定了企业生死。如果定价错误，将是致命的，意味着目标客户群流失、市场定位错误、成本大幅提升等严重后果。

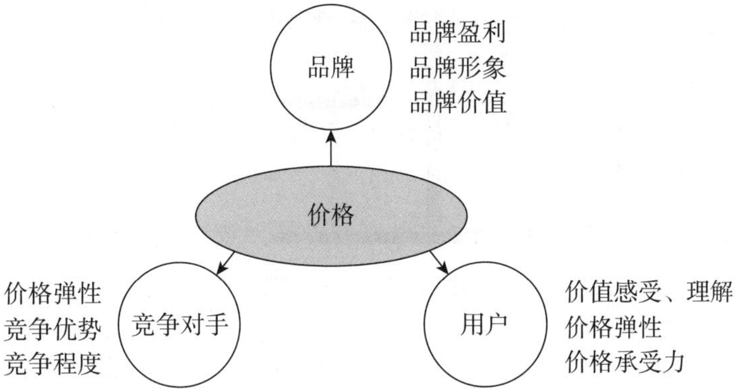

图 1-6 价格的重要性

1.3 产品价格特征

产品定价一般不是精确到具体某一个数值，而是可以在一定范围内浮动。产品定价要符合产品价格的一些特征，例如价格带。

1.3.1 产品价格带

产品价格带是指某种商品品种的出售价格从低到高形成的价格幅度，即特定类别或产品线中设置的最低价格到最高价格的区间。

例如，某种商品的售价范围从 5 元到 48 元，那么其价格带就是 5 ~ 48 元。价格带的宽度由最高价和最低价的差值决定，上述例子中价格带的宽度是 43 元。价格带的位置和宽度必须与目标消费者的购买力、购买习惯和需求相匹配。对于零售商来说，价格带的设置对于商品采购、定价、陈列等方面有重要影响，优化价格带可以帮助提升销售效率和顾客满意度。

品质较高的产品，价格可以不成比例地提高；定价较高的产品，则会使消费者认为产品的品质较高，也就是常说的“高质高价，高价高质”。而产品的最高价格取决于产品的市场需求，最低价格取决于该产品的成本费用；在最高价格和最低价格的幅度内，企业能把这种产品价格定多高，则取决于竞争者同类产品的价格水平。产品价格带如图 1-7 所示。

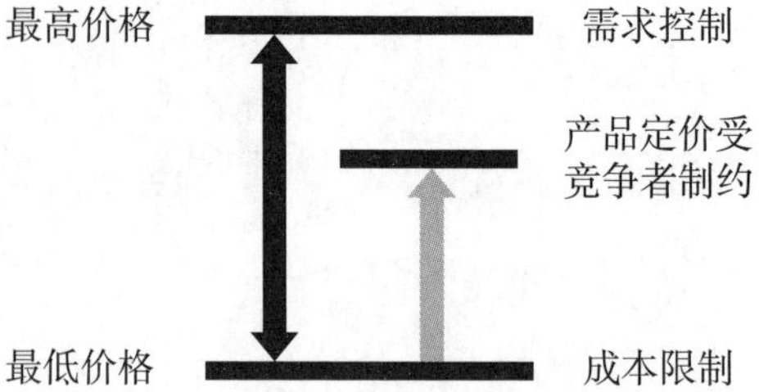

图 1–7 产品价格带

同样的产品，产品的市场售价、顾客实际支付价格、活动折扣价格等都是不一样的。

所以前期要确定产品的最高价和最低价，然后针对不同的营销目的去制定自己的价格体系和不同的产品价格结构。

（1）产品的成本决定了定价的底线。

成本包括固定成本和变动成本，算出自己的成本，确定自己的定价不能低于这个成本价。这个成本指的是总成本。为了引流等目的，某个产品的定价可能低于底价，但产品组合总体盈利即可。

（2）目标客户群的需求和市场环境决定了定价的上限。

营销的原点是需求，商业本质是价值交换。如果定价超出顾客的需求范围，就无法让顾客认可产品的价值，从而拒绝购买。

另外，如果产品定价不符合市场环境，比如市场政策，也会很难正常售卖。

（3）产品规划和市场计划决定了内部的价格规划。

产品组合的结构（如形象品、辅助品、利润品、引流品）决定了品牌或者门店里的不同产品的不同定价。还有市场销售策略和计划，假设今年产品营销战略目标是侧重占领某个市场，前期定价可能会比正常价格更低，比如滴滴打车、美团等品牌前期的定价。

另外，价格是竞争的重要手段，所以对于一个产品来说，产品定价是非常重要的，在进行产品定价时，要从多方面进行考虑，比如市场、成本、利润等，取最优的结果。更重要的是如何去管理价值，产品定价与公司战略、企业利润、品牌定位、产品价值及市场竞争力是紧密结合的。

1.3.2　产品定位影响定价

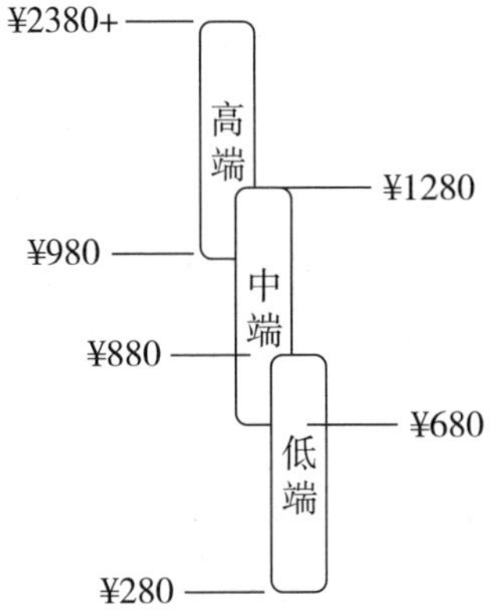

图 1–8　产品价格位示意图

产品一般分为低端、中端、高端等不同的档次定位，不同档次产品价格位不同。以某领域的产品为例，不同厂商其实是有价格位分布的，产品价格位示意图如图 1–8 所示。

不同档次产品的具体价格可能会重合，但价格位的差异却很明显。

（1）低端产品的价格很难突破中端产品的价格上限，中端产品亦很难突破高端产品价格上限。

（2）高端产品的价格上限可能非常高，即便是这个“¥2380”都还远远不够，还有很多高端客户需要更深的服务和更高级的产品能力，因此有更大的毛利及利润空间。

一家企业的某个产品在确定了价格定位后，再想转型，机会是有限的。价格定位的选择，影响企业的商业模式、品牌定位，产品是高端、中端，还是低端，也决定了产品将服务哪些客户群，如何做市场营销。

如何占领高端定位?

首先，要有较高的产品价值，在早期可能是把短期的技术优势转化为长期的品牌优势。随后，持续的创新是可持续的高端定价的基石。高端品牌会在营销上不断投入资金，因为只有被认知到的产品价值才有意义。

在市场上，高端与低端的品牌比例是怎样的？采取高端定价策略取得成功的企业数量更多，而且采取高端定价策略的企业成功的可能性也更大。这是由于在大部分市场细分中往往因为产品同质化只有 1 ~ 2 家“低价格—高销量”公司的空间，而大多数市场都可以因产品差异化支持数量众多的中高端定价公司。

一般情况下，产品价格一旦低下去，想涨上来就难了。某知识服务 App 的精英日课就是如此。第 1 期是 299 元 / 人，第 2 期、第 3 期、第 4 期价格也没涨上来，都是 299 元。第 1 期订阅为 19 万人，第 4 期虽然减少到 11 万人，但这 11 万人一般都是铁粉。实际上铁粉的心里完全能接受 500 元的价格。如果该 App 在刚进入市场时定价 500 元 / 人，为了揽客户打 6 折，即 299 元 / 人，第 4 期业务成熟期就将长期利润作为公司更高目标，不再打折，公司经营会比今天好很多。

1.3.3 产品定价与长期估值

利润及公司估值与价格 / 折扣率息息相关。首先，算一算折扣对利润贡献的影响，如表 1–2 所示。

表 1–2 折扣对利润贡献的影响 单位：元

	折后 100%	折后 90%	折后 70%
原价	10000	10000	10000
实收	10000	9000	7000
获客成本			
市场费用	2000	2000	2000
销售底薪等固定成本	2500	2500	2500
销售提成	1500	1350	1050
服务费用	2000	2000	2000
去除成本后利润贡献	2000	1150	–550

可以看到，若折扣加深 10%，利润贡献从 2000 降低到 1150，降幅为 43%。如果折扣加深 30%，利润贡献干脆变成负数，亏损 550 元。

为何会有这么大变化？这是因为获得这个客户的市场费用、销售固定底薪，以及服务这个客户的成本，其实都是固定的。唯一有变化的只有提成支出，那么新获得一个订单有可能不但不能负担公司其他部门（产研、行政等）的费用，还要在获客及服务环节倒贴钱。

案例表明，定价及折扣管理直接影响公司的利润，并对长期估值影响巨大。所以，各个公司的首席执行官（CEO）和高管团队应该多花一些时间在产品的最初定价上，慎用折扣。

企业的经营是为了什么？是为了在给客户创造价值的同时，获得适合的利润。即便一个公司可以在前 5 年都不盈利，但未来总归是要盈利的。否则，投资人为何要投钱？员工创造的价值如何体现？所以，在讨论定价策略前，需要明确企业经营的目的是增加公司长期价值，在当前或未来实现更多利润。只有以长期利润为目的的定价策略，才是理性的。

在一个公司创业的 5 个阶段中，创意、验证阶段是打磨产品，也是摸索定价的过程。产品定位与定价是相互作用的关系。价格定位一旦确定，就决定了如何选择客户、打磨产品和打造公司的营销组织，如图 1–9 所示。

如果到了营销阶段还需要改变产品定位及价格定位，需要从创意阶段开始。如果已经在扩张阶段，这样改造产品和组织几乎都是不可能的。所以，已经定位低端产品的团队，如果要想重新定位到高端，需要重新设计产品定位，定位目标客户群，制定产品设计和营销服务策略。

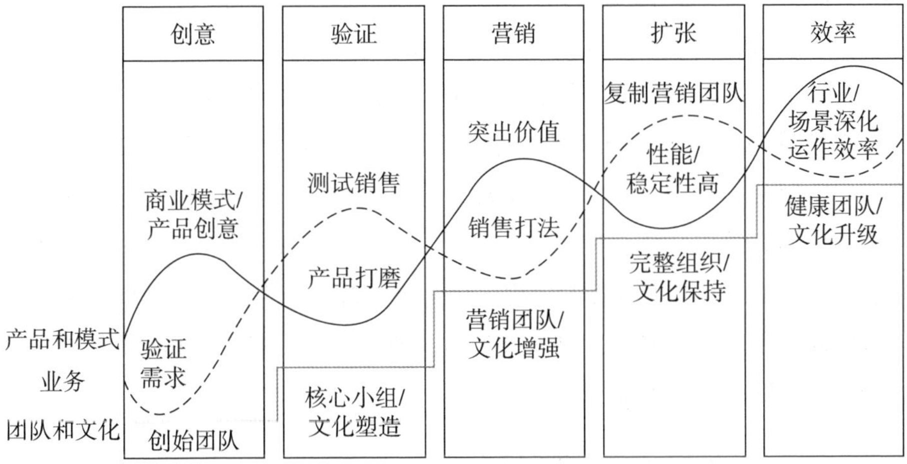

图 1–9 公司创业发展阶段

1.4 如何正确进行产品定价

有人认为价格由成本决定。这是错误的观念，成本只是定价参考因素之一。很多人采用的定价方法就是成本加价法，但是这个方法并不明智，也不是很好的定价策略。

那价格到底由什么来决定？价值认知。

消费者用钱买你的产品，本质买的是给他带来的价值。这个价值有基础功能、社交、精神等价值。所以，消费者对你这个产品的价值认知，才是决定产品价格是不是合理、是不是值的关键。定价对公司内部需要考虑整体的利益链，但最终是需要消费者来购买的，所以定价本质还是由消费者对这个产品的价值认知来决定。

而消费者的价值认知从哪里来呢？

（1）消费者的需求大小。

如没有买高端包的需求，就算有钱，消费者也不会买。

（2）产品对应的品牌在消费者心中的价值认知。

如某品牌手机就是可以比其他品牌手机卖得贵，高端包比普通的包卖得贵，背后就是品牌带来的价值。

（3）产品的特定购买场景。

一杯水在便利店和高端餐厅的价格不一样，这是场景的不同。

知道价格由顾客的价值认知来决定，从而可以倒推定价工作和资源配置。定价就是定战略，比如自助餐厅，分析整个竞争环境后，你想给顾客提供 198 元的客单价，那么按照这个定价，从而倒推菜品的资源配置，进而让顾客觉得你的产品和服务体验值得这个价格，符合顾客的价值认知。

因此，定价的正确顺序是从外到内，即先确定战略定位和给顾客提供什么价值，再倒推内部成本。

1.4.1 正确定价的必要性

价格是几乎所有消费者购买产品时都会考虑的因素，更是相对低收入的消费者重点考虑的因素，而低收入群体在任何一个市场都是不能忽视的存在。

在市场上，“物美价廉”“性价比高”是大部分消费者购买行为的基本准则，在如今资讯发达、电商盛行的信息时代，目标客户购买产品前会习惯性货比三家，或者优先选择自己心仪的品牌。

同时，因市场竞争激烈，不少品牌为迎合大部分消费者的消费准则，使得市场上的价格战层出不穷。同样定位的产品比竞争对手价格低成为很多企业谋求更多产品销售、业务增长、市场份额提升的常见手段，普通消费者对此当然是喜闻乐见。价格战意味着产品会以低于正常产品价值的价格出售，表面上是让利给消费者，但这是一个恶性循环的开始，属于不健康的产业发展。

产品价格降低，意味着利润空间缩水，而企业为了维持正常运营，大概率会在提升生产效率与降低产品成本之间选择后者。价格战一般会在较成熟的、技术和功能创新都比较乏力、目标客户群基数大、市场呈现红海竞争态势的行业中出现，众多成熟品牌在存量市场展开一场没有硝烟的“战争”，价格成了这场战争中最常用的“武器”。

价格降低意味着企业原本可以获得的利润降低，对于有经营指标和股东话语权重的企业来说，要利润还是要销量，这并不是一道选择题，而是两者都要，为了保证利润，只能降低成本。而降低成本最简单的方式就是降低产品的成本，在产品本身优化生产形式、材料选择、功能效果、品质要求等，产品之外则优化配套服务来达到降低成本的目的。

在价格战中，消费者以为自己用更低的价格得到了同样品质的产品，其实他们也是这场战争的受害者。长期来看，开展价格战不管是对企业还是消费者，都是弊大于利的。

价格战之所以经常发生，实际上是企业没有在营销活动与产品价值之间找到平衡点。价格战多出现在重营销而轻研发的传统企业，但是站在这些企业经理人的角度，他们有市场占有率和销售目标的关键绩效指标（KPI）考核，目标没有实现就会被优化掉。与其花大量的时间去研究如何获取目标客户消费倾向，还不如将产品价格一降再降效果快，以低价换销量，通过规模优势，也能实现既定的销售目标。

1.4.2　正确定价的重要性

1. 满足目标客户群需求的表现

目标客户群觉得产品的价格合适与否有一些约定俗成的评价，比如“物美价廉”“物超所值”“性价比高”等，说明产品满足目标客户群需求的程度超过了目标客户群支付的价格；另外也有“性价比低”“收智商税”等评价，说明购买产品的目标客户群不满意产品的功能和效果，与他们支付的价格不匹配。

如何让目标客户群觉得产品是物有所值的，是产品经理从产品概念开始到产品退市都需要考虑和验证的问题，是一直贯穿在产品整个生命周期过程中的。

物超所值的关键，就是产品提供给目标客户群的价值与目标客户群的痛点 / 需求是否统一，是否与目标客户群支付的价格相匹配。

2. 有助于实现企业经营目标

企业花大量的时间和成本搭建品牌、开发产品、销售产品的本质是在追求利润。合理的定价能让产品在正常的生命周期内保持持续的活力，能够为目标客户群带来期望的价值，为企业带来超预期的利润，同时也给企业良性发展、扩大规模、拓展产品线和进行自身变革带来资金基础。

对于企业来说，产品并不是利润的来源，目标客户群购买产品这个行为才是利润的来源，而决定目标客户群购买行为的关键因素之一，就是合理的产品定价。

第 2 章
产品价格界定

实际工作中，如何界定目标客户群对产品的心理价格是多少？最高能接受多高？当前的价格和调整的价格对他们有多大的吸引力？

这些问题可通过价格研究方法来解决，如图 2-1 所示。

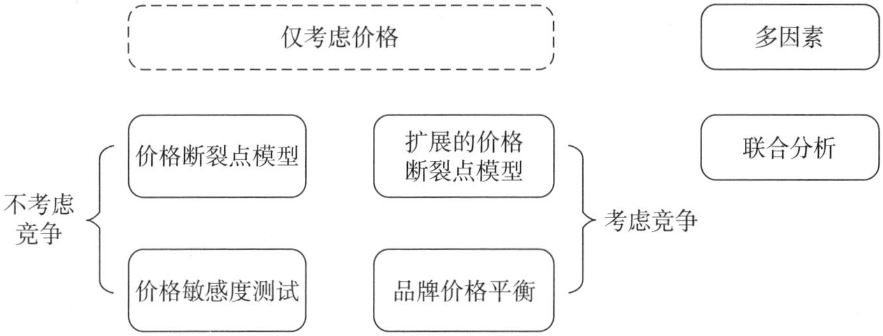

图 2-1　价格研究方法

根据测试中是否考虑竞品的价格，将价格测试方法分为两类：

一类最为基本，考察产品价格变化时目标客户群的心理感受，包括价格断裂点法和价格敏感度测试（PSM）。

另一类加入了竞品作为参照，更符合实际情况，包括扩展的价格断裂点法和品牌 / 价格交替选择模型（BPTO）。联合分析法考察产品的多种因素对目标客户群选择的影响，价格通常会作为其中一个元素。

2.1　价格敏感度测试

价格断裂点法要预先设定价格水平来询问被访者的意见，然而企业往往不愿意事先设定产品的价格水平，而希望先了解消费者对产品价格的可接受范围，这就可以用价格敏感度测试（PSM）来完成。

价格敏感度测试（PSM）是衡量顾客对不同价格的满意及接受程度，了解顾客认为合适的产品价格所做的测试研究，为企业确定产品的合适价格提供重要的参考依据。价格敏感度测试调查目标客户群对产品不同价格的接受程度，确定能够接受的价格范围，找出目标客户群意义上的“最优价格”。

一般在新产品上市前，企业需要对产品在目标消费人群的可接受价格水平作深入研究，用来了解消费者对某一品牌 / 产品的质量观念与价格看法。

测试过程是向目标客户群呈现产品，随后给出价格测试表，可以用卡片或者问卷形式呈现，其具体操作步骤如下。

2.1.1 调研目标客户群的选择

对于新产品的开发，必须从所有可能使用新产品的消费者的总体中抽取有代表性的样本。

对于产品线或产品范围的扩张，样本可以从原来的品牌产品的使用者中抽取，如果产品范围扩张的目的是鼓励其他竞争品牌的消费者更多地转向本企业的新产品，样本中还应包含目标竞争品牌的使用者。

2.1.2 设计价格梯度表

设计出涵盖产品价格区间的价格梯度表，例如某产品价格从 40 元到 400 元。设计以下 4 个问题。

（1）太贵的价格：价格高到什么程度，您肯定会放弃购买？

（2）有些贵的价格：您觉得“有点高，但自己能接受”的价格是多少？

（3）便宜的价格：对您而言，该产品什么价格时很划算，肯定会购买？

（4）太便宜的价格：低到什么价格，您觉得该产品会因为大家都可以随便购买使用而失效无用？

2.1.3　数据分析

PSM 调研数据回收，回收的样本数据杂乱无序，但杂乱之中蕴含着问题逻辑，这部分是通过问卷设置的，即 Q1 > Q2 > Q3 > Q4，如表 2–1 所示。

表 2–1　调研数据　　单位：元

Q1 太贵，不会考虑购买	Q2 有些贵，但还是会购买	Q3 比较便宜，可能会购买	Q4 太便宜，质量可能会有问题
100	60	50	20
400	150	80	5
100	80	50	20
100	80	30	20
100	50	20	5
350	280	198	60
100	50	30	10
200	150	80	50
100	50	30	10
……	……	……	……

接下来，对回收数据进行 4 步处理。

（1）透视。

对每个问题，进行透视处理，算出每个问题下的目标客户群回答数据占比。

（2）转化。

针对“Q1 太贵，不会考虑购买”和“Q2 有些贵，但还是会购买”，按照目标客户群回答数据的从小到大进行“从上到下”累计。

同理，针对“Q3 比较便宜，可能会购买”和“Q4 太便宜，质量可能会有问题”，按照目标客户群回答数据的从小到大进行“从下到上”累计。

（3）聚合。

所谓聚合就是把Q1、Q2、Q3、Q4这4个不同问题的数据合并在同一个数据表中。这时会出现的问题是题目中的数据都是非连贯的，可能出现空白现象。

（4）填充。

前3步都很好解释，相对而言，难度系数较大的是这一步“填充”。此处填充分为两类：

Q1、Q2按照“从上到下”填充，即下面的空白占比等于上面数据的占比；

Q3、Q4按照“从下到上”填充，即上面的空白占比等于下面数据的占比。

背后的原理与“转化”原理一致，如表2–2所示。

表2–2　整理后的数据表

价格/元	Q4 太便宜		Q3 比较便宜		Q2 有些贵		Q1 太贵	
	人数	累计百分比	人数	累计百分比	人数	累计百分比	人数	累计百分比
40	78	85.8%	6	100%	27	17.4%	8	5.2%
80	19	35.5%	107	96.1%	57	54.2%	29	23.9%
120	14	23.2%	16	27.1%	25	70.3%	37	47.7%
160	12	14.2%	12	16.8%	19	82.6%	25	63.2%
200	3	6.5%	2	9.0%	7	87.1%	6	67.1%
240	7	4.5%	10	7.7%	10	93.5%	22	81.3%
280	0		1	1.3%	1	94.2%	5	84.5%
320	0		0	0.6%	1	94.8%	5	87.7%
360	0		1	0.6%	5	98.1%	1	88.4%
400	0		0		3	100%	18	100%

2.1.4　绘制敏感度测试图

对取出的样本数据绘制累计百分比曲线图，从四条曲线的交点即可得出产品的合适价格区间以及最优定价点和次优定价点，如图 2–2 所示。

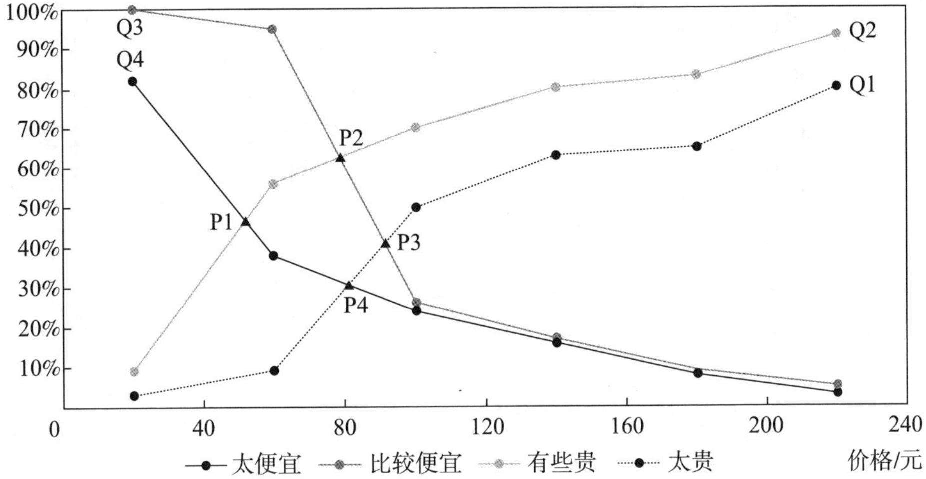

图 2–2　价格敏感度测试图

P1（太便宜 × 有些贵）=71.4 元

P2（有些贵 × 比较便宜）=99.7 元

P3（太贵 × 比较便宜）=111.1 元

P4（太便宜 × 太贵）=92.8 元

P1 至 P3 给出了该产品的定价范围（71.4 ~ 111.1 元）都是目标客户群可以接受的价格。

如果低于 P1（71.4 元）的价格，消费者会怀疑其质量太差而不会去购买。

如果高于 P3（111.1 元）的价格，消费者会认为价格太高，从而也不会去购买。

图中的 P2（99.7 元）为可接受价格点，在此价位上，价位较高的比例和价位较低的比例相等。

图中的 P4（92.8 元）为最优价格点，在此价位上，消费者认为价格既不是太高也不是太低。

2.1.5 绘制模拟收益图

根据以上的样本数据，绘制模拟收益图，如图 2–3 所示。

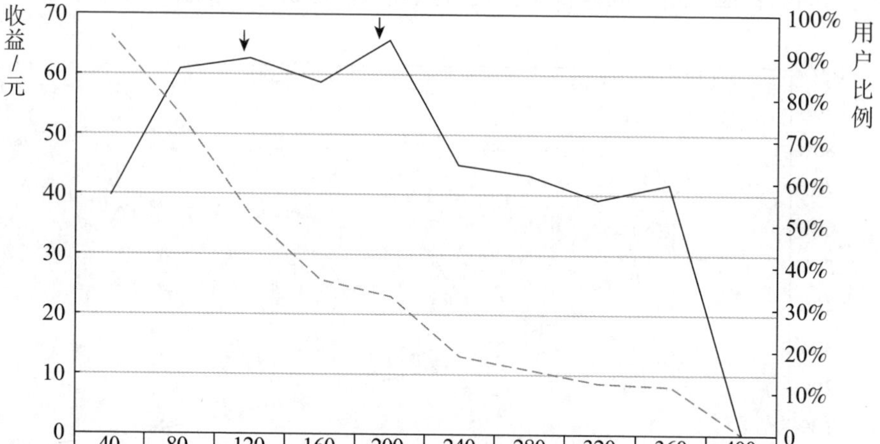

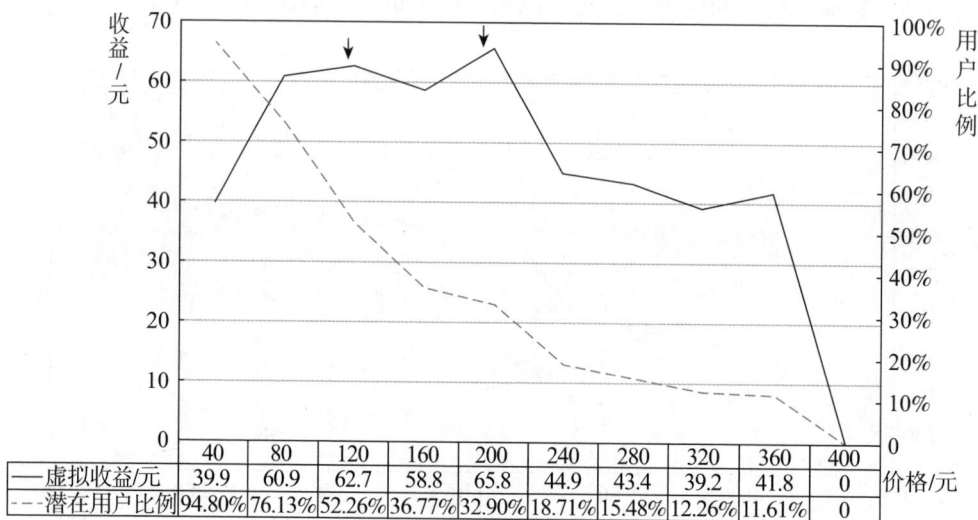

	40	80	120	160	200	240	280	320	360	400	
—虚拟收益/元	39.9	60.9	62.7	58.8	65.8	44.9	43.4	39.2	41.8	0	价格/元
---潜在用户比例	94.80%	76.13%	52.26%	36.77%	32.90%	18.71%	15.48%	12.26%	11.61%	0	

图 2–3 模拟收益图

模拟收益 = 对应档位价格 × 潜在目标客户群比例

其中，潜在目标客户群比例是每个价格档位下可能会愿意购买的目标客户群占比，即

潜在目标客户群比例 =（总体 – 觉得太贵不会买的目标客户群人数）/ 总体

如图 2–3 所示，价格在 120 元和 200 元的收益最优。但结合图 2–2 的价格敏感度测试曲线，产品价格应该在 71.4 ~ 111.1 元之间，120 元的价格更接近价格敏感度测试曲线的合理价格，即 120 元更为合理。

从图 2–3 可以看出，产品定价为 120 元的模拟收益是产品定价为 360 元的 1.5 倍，即 120 元的定价不仅不会带来收入的减少，反而会使得收入提升。

在价格敏感度测试中有以下要注意的，在其他价格测试中也是通用的。

（1）目标客户群样本的选择。根据测试目的，选择一定数量的普通样本、特殊样本或混合样本。例如，新产品测试可选择潜在目标客户群或总体市场的代表性样本，产品线延伸的测试可选择原有目标客户群，若目的是吸引竞品，则应包含竞品目标客户群的样本。

（2）测试材料。越接近实际产品越好，如果是实物最好选择实物，其次是视频、照片、概念描述等。如果是非实物，可让目标客户群试用；如果涉及多种产品，呈现方式应相同。

（3）价格范围。价格间距通常是当前价格的 3% ~ 5%，选取 6 ~ 12 个点，上下限范围最好不要太大，可通过预测试来确定范围。

2.2　价格断裂点模型

真实的市场是各品牌产品互相竞争，因而考虑竞争情况的研究方法所得到的结论会更符合实际情况。考虑竞争时的价格研究方法有以下两种。

2.2.1　价格断裂点模型简介

价格断裂点模型是 1965 年提出的，对于新产品预先确定好几个可能的价格，然后对每一价格询问被访者购买产品的可能性，由此可以确定产品的最优价格以及分析产品价格变化对需求的影响，如图 2–4 所示。

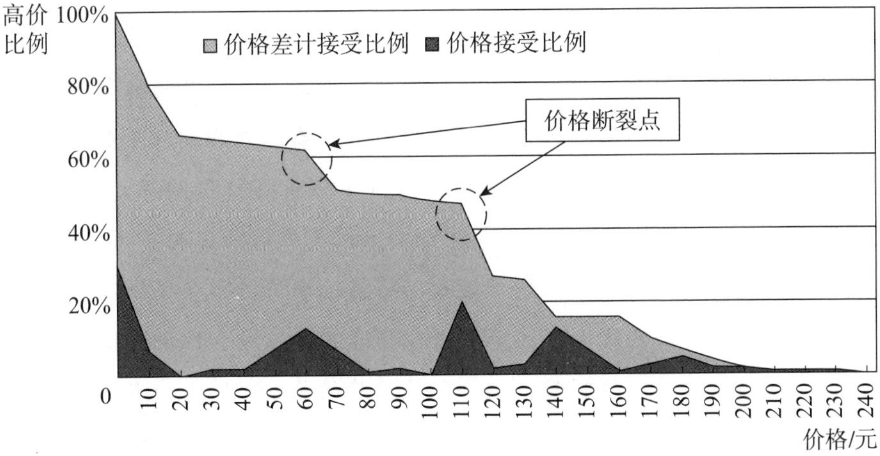

图 2–4　价格断裂点模型

预先确定好产品的几个可能的价格，询问被访者每一可能价格的购买可能性。购买可能性通常用5分制来表示，5分代表非常可能，1分代表非常不可能。然后计算出不同价格点下非常可能购买的百分比，绘制价格需求曲线，并据之进行分析，找到价格断裂点，该价格点附近的微小变动会带来购买兴趣的明显下降，即以此价格点作为市场参考价。

案例分享

楼盘销售时，首先让客户充分了解产品情况。一般是由销售员给客户介绍楼盘的情况，并让客户看到园林和样板房，然后开始询问客户，当售价分别为A、B、C、D时，他购买的可能性分别是多大。

一般这些价格都是与市场价格比较接近的，价格会从低到高来排序，一般的结果是价格越低越倾向于购买，价格越高越倾向于不购买，如果结果正好相反，就是有逻辑上的问题，这种类型问卷的数据可以不予采用。有的时候为了得到精确的价格需求关系，会设置10个以上的价格水平，虽然在理论上确实可以得到产品价格变化对需求的影响，但是在实际操作过程中是非常难以实现的。

由于每一套的价格不尽相同，所以这种剔除每一套的特殊性来测试价格的做法并不是非常科学。一般来说可以将这个价格设定为均价，同时根据景观、朝向等主要的差价因素将产品分为几类，让客户选择了某一类产品之后再做上面的调查。例如，A项目是一个江景楼盘，其差价主要表现在景观上，所以可以将所有单位分为有江景和非江景的。如果客户喜欢江景单位，那就让客户针对江景单位价格给出购买的可能性；如果客户想买非江景单位，则让客户针对非江景单位给出购买的可能性。

得到以上数据之后模拟购买过程，将某一个价格水平下所有表示肯定或者可能会购买的比例算出来，并根据客户总数量和比例计算销售套数，并进一步估计出销售额，便得到了对应的关系，将其他几个价格对应的销售额都算出来。如果还对产品进行了分类，则需要分类来分别统计可能的销售额，甚至还可以实现不同的组合。

例如A项目，就分江景单位均价和非江景单位均价两大类进行调查，得到了两个不同的对应关系。假设针对A项目的江景单位，通过调查得到的结果如表2-3所示。

表2-3　A项目的价格断点测试

价格水平（元/平方米）	可能购买的增加百分比	可能购买的累计百分比	销售套数/套	估计销售金额/万元
6000	13.8%	95.8%	153	11036
7000	29.9%	82.0%	131	11021
8000	38.8%	52.9%	85	8125
9000	9.3%	14.1%	23	2436
10000	2.7%	4.8%	8	922
11000	1.2%	2.1%	3	444
12000	0.9%	0.9%	1	207

将上面的表制成一个更直接的图形，以销售额为横坐标，以价格为纵坐标，得到需求的价格曲线，如图2-5所示。

需要注意的几点如下。

（1）调研中有一个客户数量的基础数据，本案例使用了认筹客户数量这个值，在实际操作过程中，这个数字会不断变化，而且受到广告投放等因素的影响较大，需要灵活对待。

（2）由于房地产相对于其他产品本身的价格的敏感度就是偏低的，两套房子之间差几千元甚至上万元对客户的购买可能都不会产生决定性的影响，所以一般来说调查得到的价格还能够有5%左右的浮动范围，也就是说能够接受8000元/平方米的客户，大多数也能够接受8400元/平方米的价格。

（3）6000 ~ 7000元/平方米与10000 ~ 12000元/平方米是两个非弹性需求的价格区间，对价格敏感度不高，而8000 ~ 9000元/平方米是一个弹性需求区域，对价格相对更敏感。

（4）因为A项目开盘时，对项目的价格把握不大，所以本案例所划分的价格区间较大，接下来可以再缩小范围，细分区间，建议价格差额不要小于5%。

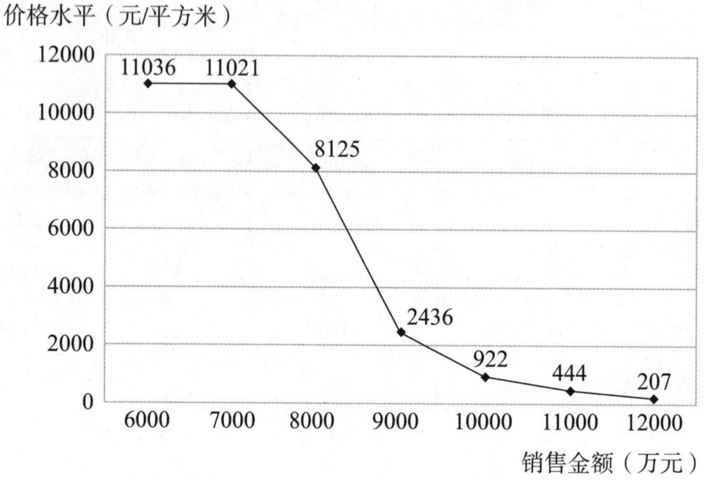

图2–5　A项目的价格断点测试

价格断裂点模型可用于找出销售额最大的价格点。

价格断裂点模型法的第一种作用是找到最大收益点对应的价格水平，统计每个价格水平的肯定购买或可能购买人数百分比，在较高价格下回答肯定购买或可能购买的目标客户群，在更低的价格水平也会回答肯定购买或可能购买。

虚拟收益 = 价格 × 肯定购买或可能购买的百分比

产品定价低时购买人数最多，但收益并不是最高的。

绘制肯定或可能会购买的人数占比随价格变化的曲线，根据这条曲线可以了解两种信息。

一类是目标客户群需求信息，当价格处于最低点时，对应的值是最大潜在需求，表示的是即使价格到最低，总有一部分人不会购买。

与此相反的是核心忠诚目标客户群的比例，即使价格最高，还会有一小部分刚需目标客户群愿意购买，曲线的起伏程度反映需求弹性的大小。

曲线还可以反映细分市场信息。如图 2-6 所示，两条需求曲线，存在两个市场，在较低的价格范围内，随着价格上涨，需求上升，在某个点达到顶峰，在另一个价格更高的范围内，消费者对价格不太敏感，此处可能存在更高价的细分市场。

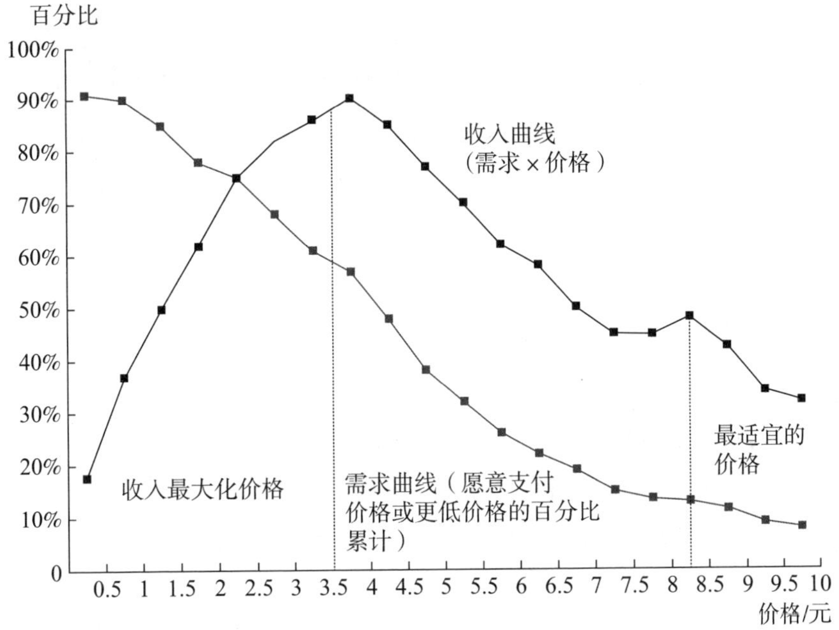

图 2-6　某项目的价格断点测试

2.2.2　扩展的价格断裂点模型法

扩展的价格断裂点模型法解决的问题和普通价格断裂点模型法相同，但加入了竞争品牌及其价格，它是在竞争环境下了解价格变化对需求的影响，因而所得到的结论更符合实际情况，因为在某个价格水平下消费者是否购买该产品，往往会与其他竞争产品及其价格相比较。这种方法要求预先给出测试产品的价格点以及竞争品牌产品的价格点，用于测试产品价格变化。

扩展的价格断裂点模型法有两种模式。

一种模式较为简单，加入竞品但竞品的价格不变化，即在价格断裂点模型法中，向目标客户群呈现价格时，不仅呈现待测产品的价格，还会告诉目标客户群一系列竞品的价格是多少，作为一种对照，竞品价格不会变化，分析方式与价格断裂点模型法类似，可以了解当产品价格变化时，目标客户群流向了哪些竞品。

另一种模式是竞品价格会产生变化，目标客户群可以选择购买哪一个品牌产品，但实施起来会比较复杂。例如，有 5 个品牌，每个品牌有 7 种价格水平，一般来说每个品牌的价格水平值是不同的，如果每个品牌指定一种价格水平，这样就组成了 5 个品牌的一种价格方案，在这个价格方案下，请被访者选择。但是这种价格方案共有 16807（$7\times7\times7\times7\times7=16807$）个，对于每一个价格方案均询问一次是不现实的，而品牌价格平衡模型（BPTO）能很好地解决这个问题。

2.3 品牌价格平衡模型

品牌价格平衡模型（BPTO）是非常有效的品牌价格分析模型，在美国和欧洲已成为一种广泛使用的定价方法。在竞争对手的产品价格条件下，通过该模型可以得出目标研究产品在什么价位上会得到最高的市场份额。此模型的特点是不仅考虑测试品牌产品的价格变化，还考虑竞争品牌产品价格的变化，是一个价格互动模型。

通常情况下，企业往往根据历史经验对产品进行定价，因此经常会对定价的范围感到困惑。特别在为产品进行价格调整时，消费者所能承受的最高价格是多少？在什么价格条件下消费者感到比较适合，愿意继续消费？在较为简单的价格测试中，企业向购买者询问“产品 A 卖多少钱您会考虑购买”，或者“假如产品 B 的价格上升 10% 您是否还会购买”。前者无一例外会产生相当低的价格预期，而后者则倾向于低估价格弹性，因此产生过于乐观的预测。

2.3.1　品牌价格平衡模型简介

BPTO 试图建立模拟价格研究方法。在测试时通常需要收集被测产品及主要竞争对手的产品，其最终结果是要建立所研究品牌产品和竞争对手品牌产品价格的动态关联。

该模型主要目的是研究当消费者面对他们喜欢的价格较高的品牌和那些价格相似的第二选择品牌时的反应，是转换品牌，还是忠实于所喜爱的品牌，从而确定品牌的理想价格，为企业品牌战略管理提出指导性建议。

1. BPTO 模型的适用范围

重复消费和一次性选择产品。

2. 模型的适用场景

BPTO 从本质上要解决以下价格问题：

（1）了解在消费者心目中产品价格和品牌的相对重要性；

（2）测量品牌的价格弹性；

（3）测试预设的价格，得出新的价格策略；

（4）确定最优价格和价格极限；

（5）在市场份额、收入 / 利润之间寻找平衡点；

（6）模拟价格战。

3. 模型的适用条件

（1）通常情况下，样本量越大，结果越精确。

（2）总体样本量至少为 200 份。

（3）多组样本的情况下，每一群体至少 100 份样本。

2.3.2　品牌价格平衡模型的应用

在市场调查时，传统的 BPTO 有多种数据采集分析方法。

方法一：向被访者出示被测品牌产品和竞争品牌产品，计算任何一种价格条件下被访者选择被测品牌和竞争品牌的次数。

方法二：计算每个品牌被访者所能选择的边际价格。开始时的价格应能够反映市场上各品牌产品间的价格差异，询问被访者在这些价格下会选择哪个品牌的产品。被选择的品牌产品将被加价 / 降价一个价格段，重复问同样的问题；再找出来一个会被选择的品牌产品，同时对该品牌产品进行加价 / 降价，直到最后。

BPTO 在消费品、耐用品和服务的定价策略中使用较多，但在使用过程中也存在局限性。BPTO 定价策略中一个受到广泛关注的问题是这种加价 / 降价模式让被访者感觉到好像是在玩游戏，而不是在完成一件关系到价格决策的大事。这样被访者会觉得乏味、不真实，不愿意认真投入，容易应付了事。因此有的被访者不论品牌，只选择价格最低的产品；反之，当给出一个市场上不可能接受的价格时，被访者仍有可能选择他所喜爱的品牌产品。BPTO 还会存在两方面的问题：一是模型在多大程度上能反映出现实生活中的实际情况？二是样本设计错误。

品牌价格平衡模型具体应用案例如下。

BPTO 研究试图建立一个模拟价格的研究方法。通常通过测试的方式来完成，测试时需要收集被测产品及所有主要竞争对手的产品。所有产品被标上从最低到最高的价格。这里值得注意的是最低价格和最高价格要求明显低于市场最低价和高于市场最高价。其原因是必须考虑到产品以后可能的降价和涨价。

另外，由于测试涉及多个品牌产品，各品牌之间的顺序可能会影响被访问者的评价，因此，必须保证各品牌顺序的随机性，一般的做法是利用随机数表，让访问员根据随机数表时刻随机调整各品牌之间的顺序，消除测试顺序性误差。如图 2–7 所示。

不过实际执行起来相对复杂一些。前期要准备好要测试的几个品牌 / 产品，设定好每个产品的起点价格、价格上涨幅度和价格上限（每个产品可以不一样）。

在测试时，首先是展示要测试的几个品牌，每个品牌都显示起点价格。然后让被访者选择最可能买哪个，选中之后，这个品牌就按照预设的上涨幅度涨价，然后再让被访者选，直到某个品牌价格上涨到预设的价格上限。

如图 2–7 所示，有 4 种品牌和 4 种不同的价格，假如某一被访者首先选择的是 C 品牌（11 元），那么 C 品牌的价格马上上涨一个幅度（13 元），其他品牌价格不变。这时再让该被访者选择，C 品牌价格上涨了，该被访者选择 B 品牌（12 元），这时 B 品牌再上涨一个幅度（15 元），其他品牌价格仍然不变。这样循环下去，记录了该消费者的选择轨迹。其选择过程中止的条件是任何一个品牌在所有价位上全部被选完。

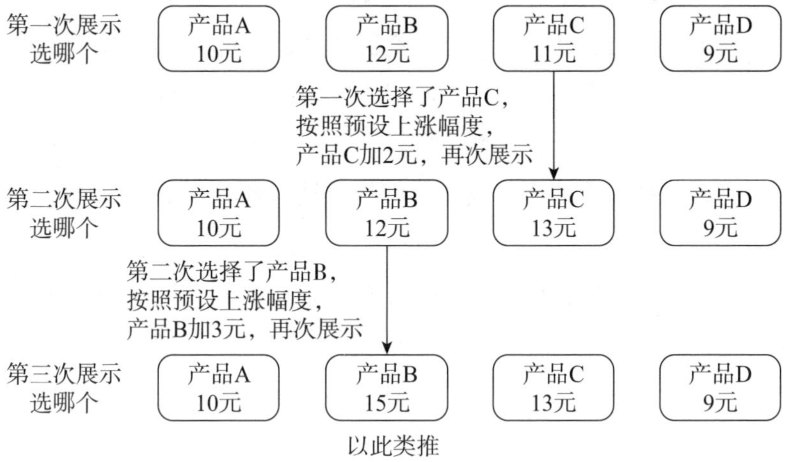

图 2-7　产品价格展示

最后的结果分析，可以看到在价格竞争的情景下，强势品牌的溢价有多少。比如 A、B、C、D 四个品牌里，B 的价格涨到 15 元，其他品牌价格不变，消费者还是愿意选择 B，B 相对的品牌溢价就是 3 元。

也可以看到各个品牌在竞争时的价格弹性，以及自己的品牌在不同定价下竞争力表现如何。

2.3.3　品牌价格平衡模型的优势

品牌价格模型适用于考虑品牌竞争的情况，测试品牌和产品价格的变化对消费需求的影响，测试竞争品牌之间的需求变化。

基于计算机数据分析的 BPTO 的优势。

随着计算机网络与通信技术的发展，信息技术在市场预测模型中的应用越来越广泛。基于计算机数据分析的品牌价格平衡模型，成为国外最为成功的一种在模拟竞争环境下测试品牌价格策略的高级研究技术。传统 BPTO 要处理的信息量太大，往往只能对相对较小的预测模型进行分析。计算机数据分析使得 BPTO 的大规模应用成为可能，许多著名的统计软件均增加了 BPTO 的计算功能，一些大型的市场研究公司则开发了自己的专用软件。随着这些计算机软件技术的引入，该技术也开始进入中国。基于计算机数据分析的 BPTO 极大地扩展了预测的能力，主要体现在以下几个方面：

（1）模拟现实的竞争环境，允许多个竞争品牌和测试品牌共同参与测试；

（2）运用联合分析技术，可以对数据进行更深入的诊断性分析；

（3）模拟预测任何价格战的结果；

（4）可以将被访者使用习惯和品牌能力纳入预测模型，从而使预测结果更为可靠。

该方法可用于测试竞品和待测产品价格变化时对目标客户群选择的影响，不仅是价格研究，同样是衡量品牌的相对价值。

测试需要准备所有品牌产品的所有价格水平，价格水平可根据该品牌实际情况确定，如表 2-4 所示。

表 2-4 价格水平

价格水平 / 品牌	品牌 A	品牌 B	……	待测产品
价格水平 1	A1	B1		P1
价格水平 2	A2	B2		P2
价格水平 3	A3	B3		P3
……	……	……		……
价格水平 7	A7	B7		P7
价格水平 8	A8	B8		P8

出示一组标价的、互为竞品的产品，从最低价格开始询问选择，之后升高目标客户群选中品牌的价格水平，其余品牌的价格维持不变，继续选择。

结束的条件有两个：

一是某品牌产品最高价格已被选中，剔除该品牌，重复直至有产品被选中最高价格，保证目标客户群作出了偏好选择；

二是目标客户已选择 20 次，保证能够从每个目标客户群收集到一定量的数据。

用下面这个案例来说明，在这个共享单车价格研究中，选取了 5 个共享单车品牌 A、B、C、D、E。假设所有品牌的价格起点为 0.5 元 / 小时，价格水平之间的间距均为 0.5 元，最高价为 5 元 / 小时。

向目标客户群提问：假设你现在想借一辆共享单车，不考虑押金问题，这些是现有品牌和每小时的骑行价格，你会选择哪个？

当目标客户群选择某个品牌，则提高其价格到下一价格水平 1.0 元，其他品牌价格不变，继续下一轮选择。如果某个单车品牌的价格到了最高 5 元且被目标客户群选中，则去掉该品牌只显示剩余 4 个品牌，持续到选择 20 次为止。如果选择了 20 次还没有品牌被选中最高价格，则继续选择直到条件满足，如表 2–5 所示。

表 2–5　各品牌的价格起点　　单位：元 / 小时

A	B	C	D	E
0.5	0.5	0.5	0.5	0.5

BPTO 对目标客户群样本量需求较大，根据品牌数量变化，一般样本量在 200 以上效果较好。

可以从以下角度进行分析，例如品牌选择，初始条件下，目标客户群第一选择的比例反映对品牌的喜爱程度；品牌忠诚度还会反映在价格上，如其他品牌在 1 元的水平，目标客户群愿意为某品牌出价 1.5 元，其中的价差就是品牌溢价。同理还可以按照待测试品牌的当前价格计算市场份额，或按照不同性别 / 年龄对目标客户群分类，列出不同类型目标客户群的品牌偏好，如图 2–8 所示。

另一个分析方法是绘制需求曲线。绘制出待测试品牌价格变化，即其他品牌价格不变时目标客户群选择的变化。假设品牌 F 也要进入共享单车市场，随着品牌 F 单车的价格变化，目标客户群会选择哪些品牌？如图 2–9 所示。

图 2-8　不同类型目标客户群的品牌偏好

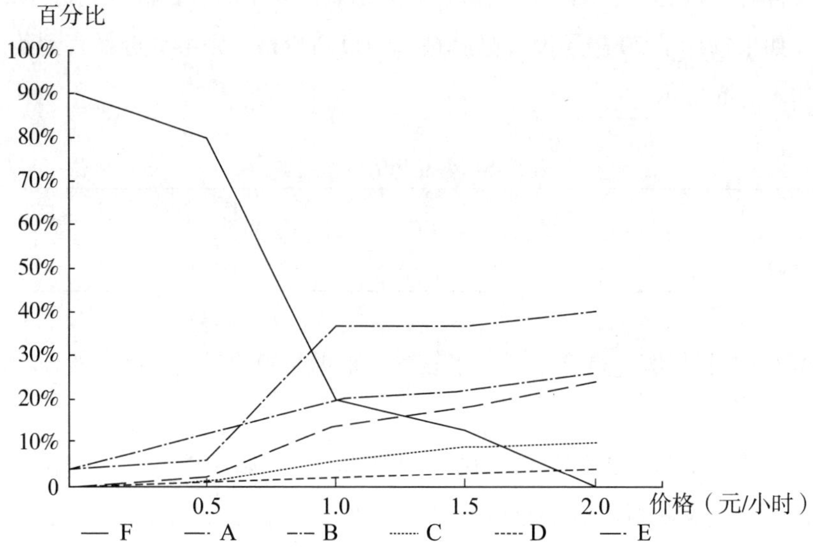

图 2-9　各品牌需求曲线

第 3 章
产品价格定位

价格定位就是营销者把产品、价格定在一个什么样的水平上，这个水平与自己的产品定位、产品价值是怎样的关系呢？

3.1 产品价格定位模型

产品定价前，需要先清晰明确产品定位，属于高端型产品、中等型产品，还是普惠快销型产品？想要确定产品定位属于高、中、低哪个档次，除了从产品规划阶段看产品最初的设想定位外，还需要结合市场情况，在同类产品中，自身产品是否能脱颖而出。

高端型产品，服务于 10% 左右的高端大客户，这类客户不缺钱，需要的是优质稳定、功能齐全、安全、服务到位的产品。所以产品溢价空间大，可基于稀有性、品牌溢价、独特卖点等进行定价。这类产品的定价策略更多取决于客户的预期。

中等型产品，服务于中大型、中小型客户，这类客户会参考非常多的同类产品价格，除了关注产品的功能是否满足需求、性能，以及是否稳定可靠之外，还关注产品能提供的持续性、可回报性收入，比如降本增效指标、投入产出比等。所以中等型产品定价，更多需要考虑竞品价格，以及客户可接受程度。

低端型产品，则一般走薄利多销的路线。服务于中小型客户，如果是强需求型产品，则定价可不受客户预期影响，简单来说，就是不得不用；如果是弱需求型产品，锦上添花型，中小型客户可用可不用，则定价不能太高，只能薄利多销。

3.1.1 产品价格定位影响因素

价格定位是产品定位中最令企业难以把握的。一方面，价格是企业获取利润的重要指标，最终会直接影响企业的盈利水平，如果价格定得过高，则会降低产品的竞争力，甚至会造成致命伤害；如果价格定位过低，则会损害企业利润，甚至反而降低产品形象。另一方面，价格也是消费者衡量产品的一个主要因素，对价格的敏感度将直接决定消费者的最终消费方向。另外，企业对价格的把握也很难全面，很容易陷入价格陷阱。

用价格来为产品定位，可以认为是产品特色定位的一个特例。在利用低价格定位时，强调相当低的价格也可以认为是产品的利益定位。高价定位策略可通过高价与高质量联系起来，例如宝洁公司在广州市场推出海飞丝洗发水，就是采用“高价格高质量”的产品定位，与当时广州市场上众多洗发水品牌明显地区分开来。为创立品牌特色，树立特定的市场形象，以满足消费者某种需求和偏爱的心理意向和行为方式，产品定位策略要体现在实体的构造、形状、成分、性能、命名、商标、包装、价格等直观方面，以及满足消费者不同的心理需求。

任何一类产品都有一个心理价格，高于心理价格也就超出了大多数用户的预算范围，低于心理价格会让用户对产品的品质产生疑问。因此，了解消费者的心理价位，有助于市场人员为产品制定合适的价格，有助于销售人员达成产品的销售。而影响消费者心理价格的重要因素是产品定位及其广告宣传。

因为在产品功能和品质相差无几的情况下，价格是影响消费的重要因素。一般来说，价格略低的产品，在市场上大致占有比较有利的位置。但价格比同类产品低，这可能招致两个相反的结果：一是吸引更多的消费者购买，二是使消费者怀疑产品品质低于同类产品。因此产品价格定位较低，往往会得到一部分消费者，同时也会失去另一部分消费者。如果产品定位高端，同时对自己产品的品质有着足够的自信，则可将价格定得高一些。受“便宜无好货”这一思维定式的影响，消费者往往会对同质产品中的价高者情有独钟。

产品价格定位或策略要与产品定位相一致，否则会导致产品失败。很多案例说明这个问题。例如A国和B国都有绣花拖鞋在C国市场上销售，产品的品质不相上下。A 国的产品价格定得比较低，而 B 国的产品价格则要高出很多，结果是 B 国的绣花拖鞋比 A 国的更好销。有人大惑不解，在消费者中展开了调查。结果发现购买绣花拖鞋的消费者，主要是富贵家庭中的主妇们，她们一是认为这种拖鞋穿着舒服，很实用，但这种动机不占主要地位；二是觉得它高雅，可以借此显示自己的地位、身份和富有。也就是说，她们购买绣花拖鞋的目的，更多的是为了满足炫耀的心理需求。而 B 国的绣花拖鞋满足了她们的这种心理需求，因而价高反而受青睐；A 国的绣花拖鞋无法满足她们的心理需求，因而价低反而受冷落。

产品的价格定位是产品一系列定位的统一，是一个系统工程，产品价格定位要与产品精神、产品品牌定位、产品质量、产品特色或差异化、产品品牌宣传、营销策略等体系化的问题相匹配。

3.1.2 产品价格定位模型

产品的价格影响因素比较多，如产品技术先进性，产品市场竞争激烈程度。本文从产品定位与产品品质两个维度构建产品价格定位的四方格模型，研究产品价格定位策略及其影响方向。

产品价格定位模型的横轴从左向右为“功能需求—心理需求”。模型的纵轴从下向上，产品的品质越来越高。也就是说，产品的价格定位与产品满足消费者的需求层次、产品品质的高低息息相关，如图 3–1 所示。

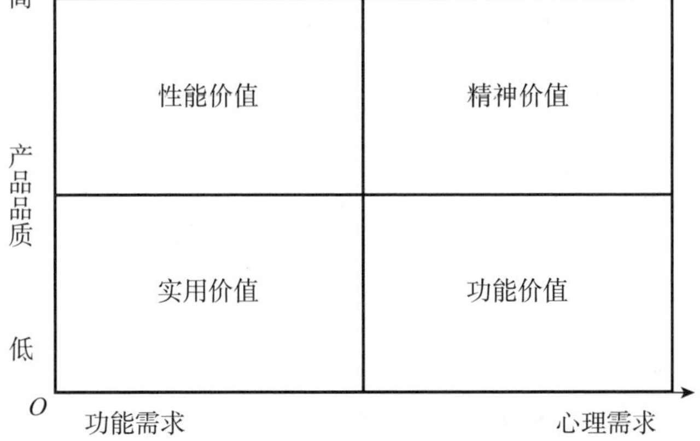

图 3–1 产品价格定位模型

第一区域的产品主要是满足消费者心理需求的产品，其产品品质一般较高，属于精神价值高的产品，则应该采用高价定位策略。因为产品的定位满足消费者的心理需求，属于有特色的、独一无二的，其产品的优势必须明显，使消费者能实实在在地感觉到，特别是能够满足心理需求的差异化特点，属于行业领导者的产品、高端产品，而日常功能性消费品则不宜采用高价定位策略，否则很容易影响产品的销售。

采用高价定位策略应该考虑价格的幅度、企业成本、产品的差异、产品的性质以及产品可替代性等因素。如果不考虑这些因素的影响，盲目采用高价定位策略，失败是不可避免的。其产品宣传点在市场中要独树一帜，侧重宣传产品符合心理需求的差异化特点，产品精神是宣传重点，要引起消费者的价值认同。

第二区域的产品是满足消费者的基本需求，性能价值是产品的最大卖点和特色，所以产品的价格应定位在中等价位，但要让消费者实实在在地感受到产品的高品质、优越的产品性能。如果不能让消费者感受到物有所值，将会失去客户。

如果公司生产技术先进，产品品质比较高端，那么产品性质属于消费者的功能需求，产品也适合定位于中等价格。其产品宣传点主要侧重于产品品质高端，宣传其高端的理由，为消费者提供更多的性能价值来吸引消费者。

第三区域的产品满足消费者的基本使用需求，产品品质一般，以量取胜，在保证商品质量及企业一定获利能力的前提下，采取薄利多销的低价定位策略容易进入市场，而且在市场竞争中的优势也会比较明显。采用低价定位取得成功的企业很多，美国零售巨头沃尔玛就是最典型的例子，沃尔玛的售价低是吸引众多消费者最有力的武器。

低价定位策略也可成为攻坚的武器，在残酷的营销竞争中，价格或者成为一些企业的屠刀，或者成为企业取得优势的杀手锏。现代市场上的价格战实质上就是企业之间价格定位策略的博弈。

第四区域的产品满足附加功能需求和中等品质要求，除了为消费者提供基本的使用功能外，额外提供安全、健康等特殊功能，属于产品的功能价值。此类产品的价格定位应采取中高价格策略。

相对于价格来说，消费者更愿意为与他们个人价值观相符的产品买单。

在用户购买力逐渐上升的市场上，往往高价值的产品定位会获得更高的利润，除了价格成本差额带来利润，用户认可产品带来的价值自然会带来更大销量，销售量的增长也会带来巨额利润，如图 3–2 所示。

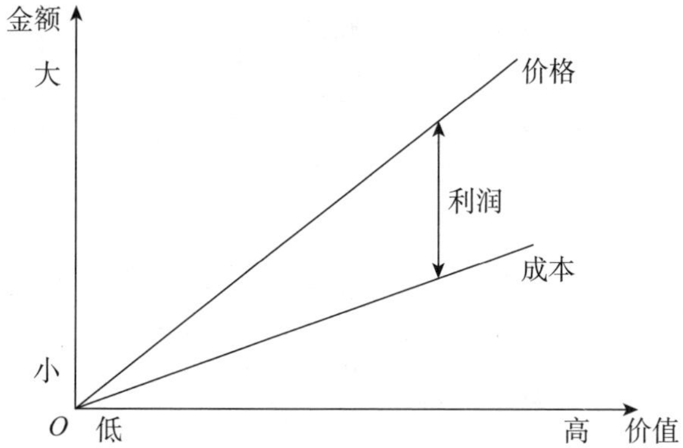

图 3–2　利润关系

从价格定位角度来说，并非高价值的商品价格一定就高。通过制定比竞争产品更低的价格同样可以获得更多利润，但是这种产品价格定位并不会削弱产品的高价值属性。

3.2　产品价格决定因素

价格是产品营销的灵魂，能不能营销，能不能做得好都由价格决定，它是影响客户行为的一个杠杆。客户是买你的还是买别人的，他的流向往哪走，很大程度上取决于价格。

价格是根据什么来确定的呢？主要因素有三个：公司的生产成本、消费者心理价位、竞品价格。

3.2.1　公司的生产成本

决定产品价格的第一个因素是公司的生产成本，包括研发、管理和它的销售成本。简单来说，成本决定一个产品价格的下限，如果一个产品的销售价格低于成本价，那么这个产品一定很难持续生存下去。

一部苹果品牌手机的硬件成本如表 3-1 所示。

表 3-1 苹果手机的硬件成本 单位：美元

	iPhone 14 Pro Max	iPhone 13 Pro Max
显示	100.20	83.22
处理	100.20	78.84
蜂窝（混合）	65.13	61.32
相机	55.11	43.80
其他	180.36	170.82
总计	501.00	438.00

可见，一部 iPhone 14 Pro Max 的成本价大概在 501 美元（约为人民币 3565 元），而该型号手机的官网售价高达 8999 元，所以该手机零部件的成本价占售价的 39.6%。那么为什么能定价如此高？答案是品牌溢价。

3.3.2 消费者心理价位

第二个因素是客户的心理价位。客户的心理价位是根据什么来逐渐形成的呢？

某公司发明了肾结石碎石机，现在有肾结石的患者就不需要开刀了，在门诊就可以做。一个病人大概 15 分钟就可以做好，穿上衣服就可以回家。但是一次治疗需要 2000 美元，2000 美元相当于住院开刀一礼拜的全部费用，哪怕这样贵，也深受患者欢迎。这对医院来说是一个非常好的创新医疗工具。这个机器多少钱？它的价格在 1000 万美元左右。在这 1000 万美元里，大概成本只占 15%，而利润占 85%，利润是成本的 6 倍。这样的高利润，却没有人敢说它是暴利，为什么？因为这个机器对医院对患者的价值都非常大，它是用价值来确定的，而不是根据成本来确定的。

再比如，我有一个杯子，你觉得这个杯子卖 3 元值，这就表示你的心理价位就是 3 元。但是这 3 元你是怎么确定下来的呢？你根据的是这个产品的品质或应用，这样一个简单的杯子不需要什么品牌，只要保证质量就行。如果我换一个美术瓷杯，除了我要喝水以外，还可以观赏。美术瓷杯的形状给我带来了美的感受，甚至我要拿它去炫耀，所以这个美术瓷杯可能卖到 50 元。

因此，客户的心理价位主要是根据这个产品给客户带来的应用价值进行评估。对应用价值的评估形成了客户心理上的价位。

3.2.3　竞品价格

第三个因素就是竞争对手的价格。

参考竞品定价是大部分产品定价会选择的方式，但很容易陷入简单粗暴的误区。参考竞品情况，除了看产品定价，还需要分析对比竞品产品优劣势、客户群体、提供的服务、销售模式等。经过综合评估决定如何定价。

产品优劣势比较：产品整体比竞品优质，则定价可以偏高；产品比不过竞品，则定价需要偏低，从价格上营造优势。

客户群体比较：参考竞品时，可能会有多类竞品，面向客户群体也可能有所不同，如果面向的是同类客户群，则需要重视价格对比；如果面向不同客户群，则不必太过重视价格对比。

提供的服务比较：如果竞品更优质，则需要再对比一下服务；竞品服务更好，则要么提高服务品质，要么再降低价格。

销售模式比较：只看产品价格，不能看出客户整体需要付出的总体成本。可以从产品销售模式进行对比，比如一次性售卖、按年订阅收费等，对比整体投入产出比。

3.2.4　三个因素重要性分析

在某种特定时期，三个因素里面有一个为主体，其余两个为辅，由此来确定产品的价格。

如果以成本为主，兼顾其他两个因素的话，那么这个价格就成为成本加成的价格体系。它是以成本确定价格的主体，费用成本是确定价格的主要考虑内容，客户心理价位以及竞争对手价位兼顾就可以了。

另外一个是以客户心理价位为主，兼顾其他两个因素形成了市场渗透价格体系。市场渗透价格是基于对产品的应用价值评估确定的。价值高，价格就得高；价值低，价格就得低。价格跟成本几乎是没有关系的，90% 以上取决于产品的价值。

3.3 产品定价影响因素

3.3.1 战略目标

企业都会制定年度目标，通俗来讲，年度目标就是需要赚多少钱、花多少钱。在一家经营正常，正处于盈利阶段的企业，收入是需要大于成本的，大部分企业是通过卖出产品或提供服务来赚钱，所以就会有以下的基本公式。

利润 = 产品价格 × 销量 – 总成本

产品成本包括很多方面，主要可以分为三类。

第一类是硬性成本，包括产品材料成本、包装成本和模具分摊成本等。硬性成本的高低和产品定义密切相关，比如产品的功能模块会涉及采购及开发成本，外观形态会涉及模具成本等。

第二类是软性成本，包括产品的研发费用、测试认证费用、制造费用等。

第三类是营销成本，包括产品在售卖过程中需要的费用，比如推广费用、售后维修费用、物流费用等。

在部分公司，第二类、第三类成本会分别计算在研发费用、营销费用内，通过年度预算去规划，表面上和产品成本没有直接的关系，实际在财务年终盘点时，还是会把这一部分费用分摊到单个产品中去。

产品成本会决定产品价格，而价格和销量也会影响到利润的达成，因此在企业预算中，预期利润的高低会影响到产品价格的制定。

3.3.2 市场供需关系

目标客户群有需求，就一定有企业会推出对应的产品，但各行各业的竞争都非常激烈，市场整体处于供大于求的状态。所以，会有部分企业去人为控制市场供需关系来提升产品价格，比如奢侈品品牌常用的限购、限量等手段，对于这些品牌来说，控制供应产品数量能无形中放大市场需求，导致产品价格水涨船高，已经不属于正常消费品的范畴，更偏向投资性质。

也有其他不可控的原因导致需求关系发生特别大的改变，比如有些时期，市场上对口罩的需求空前旺盛，导致口罩供不应求，价格在一段时间内高涨，经过一段时间后，很多企业开始进行口罩生产，造成大量口罩产品滞销，价格也随之下降。

3.3.3 产品销售策略

产品销售策略也是影响产品定价的关键因素，产品销售策略决定了产品定价范围，产品售价决定了销售策略能否成功落地。销售策略中有产品入市抢占市场策略、重点销售某款产品策略。

针对一款产品抢占市场的情况，产品入市初期，可能没有太多知名度，比如新企业、新产品入市，开拓海外市场，则需要定出比竞品更低、更优惠的价格，才有更大机会抢占市场。

针对一系列产品中，需要重点销售某个产品的情况，通常会采用锚定效应的定价方法，比如新产品入市、老产品退市。往往客户对产品的价格是不敏感的，他们只对价格的对比结果比较敏感。

当客户无法自行判断产品是否值这个价格时，可以为其提供一个参照物的价格。比如，高端型产品定价为中等型产品的3倍，但实际产品功能并未真正大于3倍，此时客户经过对比后，通常会更倾向于选择中等型产品，并且对中等型产品的价格更易于接受。

3.3.4 品牌定位

品牌定位会影响产品定位，从而影响到产品价格。如果销售品质优良的名牌产品，需要定高价，顾客才觉得物超所值。高端品牌的产品和低端品牌的产品，即便产品在成本、功能和效果上不存在任何的差异，价格也会相差很大。

一些当前十分流行的商品，也需要定高价，因为一旦流行期过后，就会降价销售。

品牌作为企业的无形资产，具备较强的市场影响力，也是消费者对其建立信任的基础，需要企业从各个方面持续地维护和打造，推出与品牌高端定位相符的高价位产品。

3.3.5 产品线布局

制定产品的价格是需要放在整个产品线规划中去考虑的，如果有不同的产品系列，那需要遵循该产品系列的市场定位和印象来定价。比如某品牌 A 系列手机和 B 系列手机，可以把 B 系列手机当作低端系列。两个系列的旗舰产品其实在性能上相差不大，但是 B 系列手机因为定位更低，所以它的旗舰机定价不可能高过 A 系列旗舰手机的定价。

3.4 产品生命周期影响价格

产品的价格都是随着市场的变化不断调整的，没有一成不变的定价。比如过季衣服的价格就远低于当季衣服的价格。

产品的价格不论是受市场竞争影响，还是自身发展目标影响，其实归根结底都是产品有生命周期，不同的阶段应该有不同的价格策略，如图 3-3 所示。

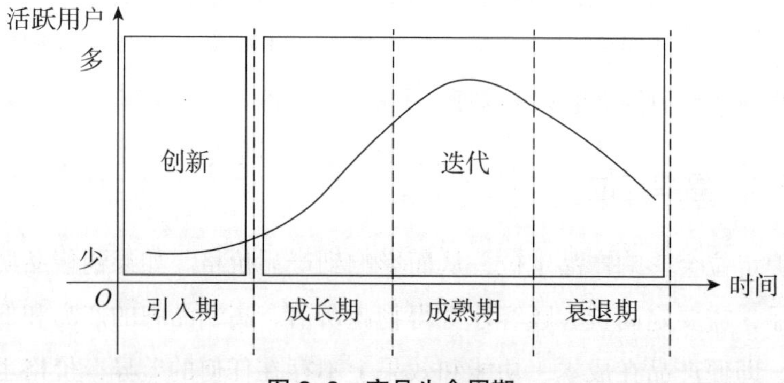

图 3-3 产品生命周期

产品生命周期分为引入期、成长期、成熟期和衰退期。产品在生命周期各个阶段的主要目标是不一样的，价格作为产品销售的杠杆，对应的价格策略也不尽相同。

3.4.1　引入期的价格策略

产品刚刚进入市场，最需要的是验证产品是否被市场接受。在这个阶段，还要看市场竞争格局是蓝海市场还是红海市场。

蓝海市场，竞争小，甚至产品填补这一领域空白，特别是高科技产品，初始原材料成本也高，引入期一般都价格比较高。

红海市场，竞争激烈，新产品加入混战，品牌知名度比较低，如果要快速被市场接受，引入期一般都采取低价策略。

从产品本身来说，引入期阶段产品相对并不完善，价格一般是从低到高，应该让早期的产品使用者和体验者获取实惠。

3.4.2　成长期的价格策略

产品得到市场验证，需要快速上量覆盖的时候，创新产品或者科技转化产品可以采取降低价格的策略，从少数目标客户普惠到更大的市场人群。如果是常规产品，随着产品自身的完善，功能更加齐全，升级后的产品价格一般普遍上调，以匹配产品本身的价值。但出于推广上量战略的需要，可以采用打折或者活动促销的方式，实施高价格、低成交额的价格策略。

3.4.3　成熟期的价格策略

成熟期的产品，市场地位比较稳定，新增市场也比较乏力，这时候更需要在存量市场里转化出更多的价值。一般的价格策略追求稳定，追求更高的毛利。

3.4.4　衰退期的价格策略

该阶段，价格已经不再重要了，面对新产品的竞争、新市场的变化，这时候更多需要的是产品的创新升级转型。该阶段的价格策略主要是降价，追求利润最大化。

第4章 价格管理的心理效应

产品价格除了考虑成本、竞品价格外，还有目标客户群的各种心理效应决定产品价格的定价策略。心理效应包括价格参照效应、锚定效应、对比效应、心理账户、阈值效应、同伴效应、禀赋效应等。

所以，企业进行产品定价必须遵循这些心理效应规律，才能制定出成功的产品价格。

4.1 参照效应

价格参照效应是指消费者进行产品价格判断时所使用的参考点，参考价格是价格比较的基点。同时，很多价格都可以作为比较的基点，所以参考价格是多维度的、不明确的。

目标客户群不知道成本，但会进行比较。提升感知价值除了在产品上下功夫，价格作为第一感知媒介，作用尤为明显。现实中，当企业为产品抛出一个价格，目标客户群很清楚自己的价格承受力是多少。在没看到产品之前，目标客户群会根据自己价格承受力去挑选预算内的品牌产品，紧接着才会去了解具体的产品，即价格感知第一，产品质量、性能等感知得往后排。

目标客户群不只是价格接受者，他们通常会积极地处理价格信息，会通过以前的购买经验、正式信息渠道、非正式信息渠道、销售点或在线资源等其他因素来理解价格。购买决策基于目标客户群的心理价位和他们所感知的价格，而不是建立在产品的价格上，了解目标客户群如何形成对价格的看法是营销工作的重点。

4.1.1　参考价格

参考价格指目标客户群在作出购买决策时所考虑的参考点，参考价格可以是市场上其他类似产品的价格，也可以是以前购买同样产品时所支付的价格。参考价格对人们购买行为的影响非常重要，因为它可以影响人们对产品价值的认识。

目标客户群经常使用的参考价格除了竞争者价格，还包括公平价格、典型价格、最近支付价格、上限价格、下限价格、预期未来价格以及通常折扣价格。因此，在制定定价策略时，要考虑参考价格对目标客户群的影响，并根据市场情况和目标客户群需求制定相应的产品价格。

因此，最好在进行产品定价时能够邀请目标客户群进行价格测试。

CBC 联合分析法，一般可应用在产品开发和商业化阶段，将产品与同类产品以品牌、价格、服务、配置四类属性设定为三种水平，让目标客户群打分。基于此可以洞察人群差异、产品的价格接受度、价格弹性。价格敏感度测试找到价格带，价格断裂点测试可以找到产品可行的价格点，BPTO 模型测试价格及价格调整后的价格弹性，也可以据此评估品牌竞争力、溢价空间。

同时，参考价格也可以作为一种定价策略来制定价格，因为参考价格的本质是基于目标客户群心理，如果先让目标客户看到较高的价格，那么他对于该产品价值的期待就会上升，随后看到较低的标准价格时，吸引力会大大增加。

应用参考价格思维的定价策略，称为价格参照法，一个聪明的定价区间应该包含两部分：参照价格与核心价格区间，前者的存在是为了提升目标客户群对产品价值的判断，后者才是真正需要目标客户群支付的标准价格。

4.1.2　价格暗示质量

绝大多数目标客户群的生活经验，而且颇为有效的经验，是将产品价格作为锚点去判断产品质量、性能等。当关于产品真实质量的信息可获得时，价格在暗示质量方面就不那么重要了；而当这种信息不可获得时，价格就是质量的信号。

价格参照效应也衍生出了形象定价的策略，指公司或产品在市场上所传达的价格形象。形象定价与产品的实际价格不完全相同，它主要是通过品牌、宣传和营销手段传递给目标客户群的一个印象。在制定形象定价策略时，需要考虑到品牌定位和市场定位，并确定公司或产品所要传达的价格形象，以实现营销目标。

4.1.3 定价线索

价格参照效应也可应用在定价线索中。定价线索指目标客户群能够从产品中获取到的定价相关信息。这些信息包括产品的包装、标签、广告、促销活动等。消费者往往会根据这些线索来判断产品的价格水平和价值感，从而作出购买决策。常见的定价线索包括：

（1）包装线索，包装器型、材质、设计、色彩等；

（2）符号线索，字体、颜色、图案、文字描述等；

（3）广告线索，广告中的视觉、语言、声音等；

（4）促销线索，促销通常伴随打折等活动，要注意的是打折后的价格可能影响价格判断；

（5）服务线索，包括服务中的人员沟通、交互体验等。

4.2 锚定效应

锚定效应是人类心理定位的过程。产品价格锚定是指在购物或交易过程中，消费者对产品价格是否适合不确定的时候，会采取避免极端原则和权衡对比原则，建立一个价格认知和决策的基点，即评价一个产品的价格是否合理的心理价格锚点。

锚定效应告诉我们，当人们需要对某个事件做定量估测时，会将某些特定数值作为起始值，起始值像锚一样制约着估测值。产品价格锚点效应是一种心理现象，它影响人们对产品或服务的价格感知。

在一项研究中，汽车专家们被邀请评估一辆二手车的价值。有一位外行的中立者 A 碰巧站在了车的旁边，在没有任何提示的情况下评论这辆车的价值。在有 60 位汽车专家参与的研究中，中立者 A 给出 38000 元作为价格锚后，专家们对车辆的估值平均为 35630 元。但是当中立者 A 给出 28000 元作为价格锚后，专家们的平均估值降至 25200 元。

中立者 A 给出的随意评价却能形成一个价格锚，它影响了专家们对同一辆车的价格感知，估值能相差 10430 元之多。类似的锚定效应还发生在许多其他的研究中。锚定是一种根深蒂固的本能反应，难以避免，当产品更便宜的时候，买家觉得还能再便宜一点，这就是消费者的价格锚定。我们不能忽视人类的本性，企业可以利用价格锚定效应，为消费者提供一个稳固的消费决策基点，减少产品的信息差距，降低消费者的决策成本。

4.2.1　产品价格锚定策略

1. 价格锚点的设置

产品价格锚点，简单来说就是设置一个参考价格作为消费者购买产品时对比的价格，从而把消费者的购物意愿向推荐产品上引导。实际使用中相当广泛，使用手段也是千变万化。

2. 价格锚点的使用

（1）简单设置。

如店铺里设置两种质量接近的相互竞争关系的产品，但是存在价格差异，这能促进低价产品销售。

（2）进阶版。

如一家报社把报纸纸质版的销售价格定价为 58 元，电子版定价为 108 元，电子版加纸质版定价为 110 元，这时大部分人都选择了电子版加纸质版。

（3）高阶版。

如某奶茶品牌，取消小杯设置，直接销售中杯和大杯，加上现场的销售数据，直接设置了两层价格锚点，引导消费者去购买大杯。

（4）高低价格策略。

所谓高低价格策略，就是大部分时间设置高价，促销日以较低价吸引客户的促销价格手段。

高低价格策略，既可以带来促销日的客户消费和流量提升，同时也可以对客户的消费意愿进行一定程度的选择，是一个简单实用的价格运营方式。天猫“双 11”就是一个典型的利用高低价格策略选择购物意向再集中爆发的案例。

但是这样会有客户购物习惯的选择和培养问题，是双向的。客户同时也在选择企业和产品，囤货和定时消费的习惯一旦养成，对企业来说并无益处。高低价格策略使用时，应该更多地加入品类和时间策略，提高促销转化的效果，同步搭配会员价格策略，降低客户囤货意愿的比例。

（5）不定价的价格运营模式。

不确立价格的方式其实是拍卖形式的一个极端版本：起拍价足够低。

满足这种条件的产品，其产品本身价值在出售人看来是足够低的，无限接近于 0，或者从产品所有者来看，无法评估产品价值，要实现盈利，应该支持可以被反复多次“拍卖交易”。

（6）高预期低定价。

这样的价格运作策略核心是拉高客户的消费心理，提前在客户的心理埋设了一个较高的心理价格，也就是价格锚点，实际销售时的价格低于锚点，消费欲望自然高涨。

4.2.2 产品价格锚定途径

从价格锚定途径的视角，可分为锚定信息源、缩短信息差距、专业溢价的信息源、统一信息源等多种途径。

1. 锚定信息源

一名普通的消费者，在第一次看到产品价格的时候，在没有专业的产品评估知识和工具，也没有相关的体验和产品信息的时候，一般会怎么办？一般会下意识地去网上进行各种搜索、向朋友咨询、看评论区的反馈等。这个过程，其实就是在收集信息的过程，本质是为了缩短信息差距。

在还没购买时，通过各种信息反馈来获取消费决策的依据。另外，决策成本的高低决定了需要收集信息量的多少。

案例分享

20 世纪 30 年代，希德和哈利两兄弟在纽约经营一家服装店。希德负责销售，哈利负责裁缝。每当希德发现有顾客对某件衣服十分倾心的时候，他就会装作有点听不清，当客人询问价钱的时候，他会提高嗓门询问在裁缝店后面的哈利。

“哈利，这件西装多少钱？”希德问道。

“那件精美的西装吗？42 美元。”哈利大声地回答。

希德会装作没听明白：“你说多少钱？”

“42 美元！”哈利重复一遍。

这时希德会转过来对顾客说，这件西装的价格是 22 美元。听到这个价格后，顾客会毫不犹豫地掏出 22 美元放在柜台上，拎起西装走出商店。这时候，产品价格锚定计划就已经成功了。

这个故事中的信息源是谁呢？毫无疑问是大喊 42 美元的哈利。这个故事与现在的直播带货是不是有几分相像呢？如图 4–1 所示。

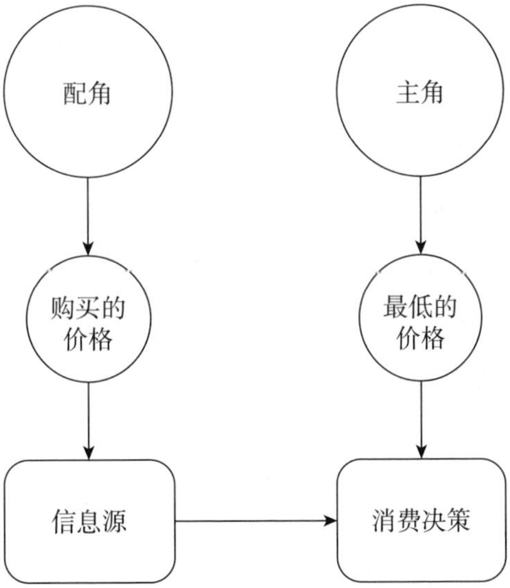

图 4–1 信息源路径

当直播间里面其他群演都说 99 元已经亏本的时候，主播好像什么都听不见一样，直接抛出 69 元，回头向粉丝表示说错了，但是最后主播表示“说出去的话，泼出去的水，说到做到”，最后还上了个倒计时。你是不是毫不犹豫地就“上车”了呢？我们思考一下，这个时候你是被主播带节奏了吗？实际上，群演和水军才是起到价格锚定的信息源。

2. 缩短信息差距

消费者的购买过程为信息源搜集—综合评估—消费决策。消费者搜集信息的过程，也是建立“锚”的过程。有人会说只要价格足够的便宜，就不用搞这么复杂了，真的是这样吗？低价就一定能增加销量吗？所谓的低价是什么？不是你认为的低价，也不是低于成本的价格，而是消费者认为的低价才算是低价。这就要看是否建立在有市场参照物的前提下的低价，比价比的就是信息差。

（1）有市场参照物的低价：比同类竞品的价格更加便宜。

（2）没市场参照物的低价：卖家应该设法减少无用信息，来辅助最终的消费决策。

如何在保证自身盈利的前提下，让消费者也赚足了便宜，最后乐意购买，达到双赢的局面呢？那就是让买家从信息源中获取到直观的、便宜的感觉，即信息来源—感觉便宜—消费决策，从信息源传递出价格锚定的信号。

3. 专业溢价的信息源

有两个年轻的建筑工人尝试建立自己的公司，他们没有将自己叫作水泥工人，而是自称为“欧洲建筑工匠、建材专家”。为了突出这个定位，其中一个人会在客户的施工现场进行仔细测量，然后把结果给他的同伴看，接下来他们会用方言争论，直到客户走过来问发生了什么事。

“我不明白为什么他会认为一个露台需要花 8000 元。”负责测量的那个人把客户拉到一边解释说：“我觉得我们花 7000 元就可以把它装修好，这只限于我们俩知道。”在和客户讨论完又和同伴用方言争论了一会儿后，客户最终同意了 7000 元的出价。

大家阅读这个故事的关注点可能更多的是方言吵架的部分，但是实际上，信息源是这两位主角的商量主题、仔细测量，每个环节都让顾客感觉到非常专业，最后就是更为便宜的精准报价这个信息，在这个高附加价值的服务上做出产品溢价，如图 4–2 所示。

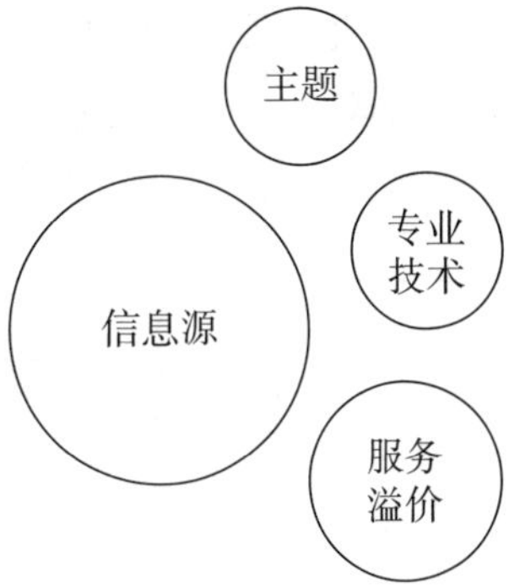

图 4–2　信息源

各行各业都可设置专业溢价的信息源，例如给你理发的专业造型理发师，一个位置反复修剪的专业动作，让你体验感拉满，最后买单的时候还自动打了个 9 折，瞬间体验了一把轻奢的小资生活。除非信息源发生改变，需要重新锚定价格，否则你会复购下去。

4. 统一信息源

晚清时期生丝原料产业极其混乱，西方国家机器大生产的效益高、质量好，远远超出我国传统手工作坊，外国人把生丝大量收购回国，垄断原料市场，使手工作坊纷纷破产，于是外国人便控制了江浙的生丝市场，还以最低的价格收购生丝。

由于生丝十分特殊，刚产出的生丝如果不加以保护很快会变成土黄色，自然不值钱了，蚕农在产出生丝后，只好赶快出售。江南大部分农民都以养蚕卖丝为生，自己产的丝质量一旦变差，外国人不收的话，就没办法维持生活。因此市场极其内卷，即使外国人的收购价很低，但蚕农在这种压榨和剥削下，还是不得不把生丝卖给他们，如图 4–3 所示。

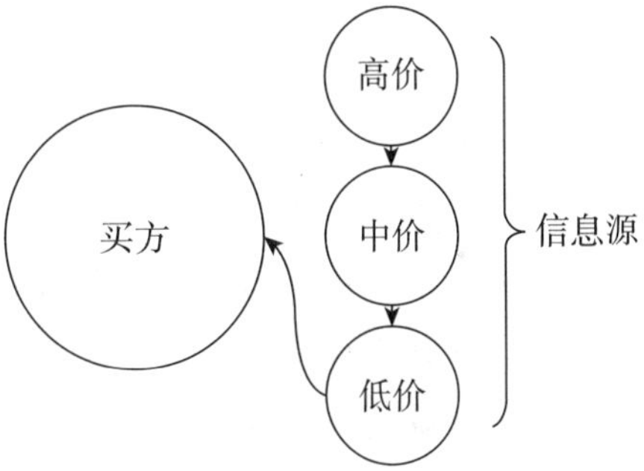

图 4–3　信息源来源路径

晚清巨贾胡雪岩初入生丝产业，便联合产业巨头庞家和中小商家，在与外国人打交道时，要定个统一的价格，这样外国人也就不得不按此照办了，最后按照协商统购统销，外国人稳定了货源，商户稳定了营收，如图 4–4 所示。无论价格怎么低，买方总会帮你锚定更低的价格，哪怕你的产品价格比别人便宜了 30%，买方锚定你还能比别人便宜。胡雪岩通过呼吁同业统一生丝定价，当市面上信息不存在太大的差距时，买卖双方的决策成本更低，因为到哪儿都是一样的价格，只需按质付费即可。这既遏制了内耗，也带动了产业的有序、良性发展。

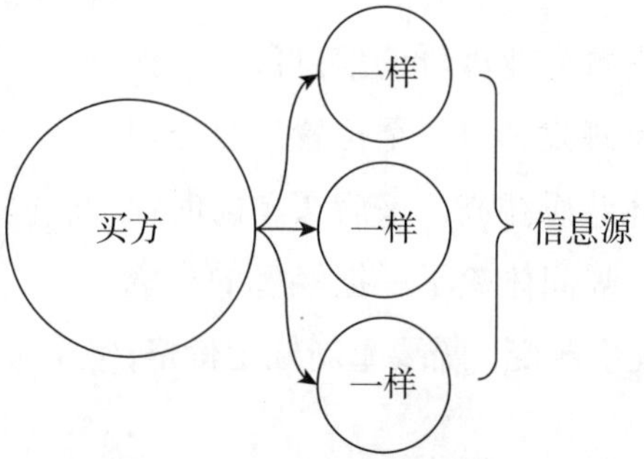

图 4-4　信息源来源途径

案例分享

某咖啡店除了卖30元一杯的咖啡外，还出售20元一瓶的矿泉水，而且会放在非常显眼的位置。

但如果你仔细观察会发现，这么贵的矿泉水基本上卖不出去。跟店员闲聊，他们自己也知道这个问题。然而，他们却依旧坚持这么摆放。这背后一定有原因。

要知道，该店的主营产品其实是咖啡。矿泉水卖得好不好并不重要，重要的是让咖啡卖得好。

该店咖啡的定价其实是很高的，三四十元一杯的咖啡，需要想办法让消费者觉得"值"。高价矿泉水的存在，恰恰可以转移消费者的注意力。在20元一瓶的矿泉水对比下，30元一杯的咖啡会显得非常划算。而一旦目标客户群有了这种感受，咖啡的销路也就不用担心了。

这种策略，在心理学上称为"锚定效应"。

所谓锚定效应，就是指人们在作判断的时候，易受到对事物第一印象的影响。这个第一印象，会像一个沉锚一样，把人们的思想固定在某处，继而影响人们的后续行为。人们在作决策的时候，会不自觉地给予锚定信息过多的重视。

心理学家卡尼曼曾经做过一个实验，他请了一群志愿者来转动一个幸运数字转盘，然后回答一系列问题。

这个转盘经过了特殊处理，因此只能停留在 10 或者 65 这两个数字的位置。这种情况下，转到了 10 和 65 的志愿者被分成了两组。

两组成员都被要求记下转盘指向的数字，然后回答以下问题。

（1）你刚才写下的关于非洲国家占联合国（所有成员国）的百分比的数字大还是小？

（2）你认为联合国中非洲国家所占比例最有可能是多少？

按理来说，轮盘的数字跟非洲成员国的比例风马牛不相及，因此不能对预测结果造成任何影响。这也就意味着，两组之间应该没有任何差异。但是卡尼曼的实验结果却非常令人意外。

在回答第二个问题时，转到了数字 10 的组，对比例的平均估值为 25%；而转到了数字 65 的组，对比例的平均估值为 45%。

仅仅是转到了不同的数字，而志愿者就因此产生了完全不同的判断，这个锚定效果非常明显。

在卡尼曼看来，个体的判断过程，是先以"锚"为参考依据，而因为思维的两种机制（调整不足和启动效应），限制了思考的范围，由此人们才会受到锚定值的显著影响。锚就像一个参考系，制约影响着人们的判断。

4.2.3　锚定效应的应用

锚定效应告诉我们：只要给对方一个认知锚定，就能限制对方的思考范围，从而影响对方的价格感知。

这里的锚定，可以是具体的数字，也可以是一个认知印象。

案例分享

1. 数字锚定

在一些玉器店，顾客进门会看到一些动辄百万元的镇店之宝，形成数字锚定，而后再看到一些标价几万元、几千元的玉器时，就会觉得非常便宜，提高购买欲。

2. 印象锚定

某轻奢品牌通常会挨着奢侈品摆放。但是，该品牌本身并不是一个售价特别高的品牌。正是因为挨着这些奢侈品，所以整体的品牌印象跟奢侈品是一致的。这也就形成了认知锚，人们总会觉得该品牌是个奢侈品牌，并且感觉性价比非常高。

当然，如果目标客户群本身对价格非常了解，有自己内心的锚定，那么企业再怎么锚定也是无效的。在这里，主要针对普通目标客户群。

理解了上述锚定效应后，在影响顾客的价格认知方面，就有很多的操作空间。

1. 数字锚定

给目标客户群展示定价时，给目标客户群一个高额锚定数字，能增加目标客户群对定价的接受度。

（1）原价与折扣价。

在网上购物的时候，经常能看到产品售价边上有个划线原价。这个原价在本次交易并没有带来额外的信息，但从消费的角度来看，这个价格的存在，相当于给了目标客户群一个认知锚。在原价的对比之下，产品的当前售价会显得非常合算，进而提升目标客户群的购买欲。

除了划线原价之外，折扣券也是利用数字锚定的一种方式。当你满足一定的折扣条件后，购物车界面会提示你折扣后的优惠价，折价前后两个数字一对比，会给你一种买到就赚到的感觉。

如果没有这个原价作为锚定对比，目标客户群很难对售价产生“便宜”的认知，因而也很难产生消费冲动。

在展示自己产品定价的时候，不妨也借鉴一下这个思路，放一个原价作为对比，提升目标客户群的购买欲望。

（2）会员价格对比。

某咖啡店的矿泉水性价比低，还卖得不好，但是通过对比衬托，可以提高咖啡的销量。一些产品把这个思路也应用到了给目标客户群的消费选择上。视频软件 A 的会员充值就充分利用了这种心理。

目标客户群进入视频软件 A 的会员充值页面时，会看到以下三个价格选项。

连续包月：首月优惠，后续每个月 19 元。

3 个月：68 元，平均 22.6 元一个月。

包年：233 元，平均 19.4 元一个月。

很显然，无论是算当期优惠，还是算每个月的价格，连续包月都是最佳选项。连续包月的唯一瑕疵，就是不再需要服务的时候，需要手动关闭订阅，但这其实算不上什么麻烦事。

在每个方案价格的下方，视频软件 A 还专门把每个月的平均价格展示出来供大家参考。可以想象，选择 3 个月和包年的人数应该会非常少。大部分人，在锚定对比之下，会选择连续包月。

其实在这个页面，如果往左横划，还能看到更多的定价策略。分别是连续包季、连续包年和单买 1 个月。如果按单月价格算，连续包季每个月需要 17.7 元，而连续包年每个月只需要 17.3 元。可见，连续包年才是最优惠的价格。

然而，视频软件 A 把这两个策略都藏到了后面，并且没有展示计算后的单月价格，显然是为了弱化引导。一方面体现出视频软件 A 在目标客户群留存方面的信心，另一方面也是为了引导目标客户群选择连续包月，赚取更多利润。

（3）功能对比。

类似的对比，还有特权分级。以某网盘举例，在会员特权对比上，超级会员明显比会员强很多。例如非常重要的极速下载功能、倍速播放功能，都只有超级会员才有。普通会员跟非会员基本上相差不大，没有什么核心功能优势。

然而如果细看价格的话，普通会员也并不便宜，每个月花费在 10 元左右。相比之下，超级会员的特权比普通会员强了不止一倍，每个月也只需要花费 20 元左右。

这种性价比的明显对比，会让目标客户群感觉超级会员非常划算，因此更加愿意付费。红花还需绿叶衬托，有锚定对比才能更凸显产品的吸引力。

2. 印象锚定

（1）联名合作。

新创立的奢侈品牌开店，选址要靠近原来的那些奢侈品牌，目的就是让消费者产生印象锚定。将新的品牌与传统奢侈品牌关联到一起，从而提升新品牌的奢侈调性，让消费者愿意为新品牌付出奢侈品的价格。华为推出的保时捷联名款手机，就是借助了这样的思路。

华为的保时捷联名手机，是一款定位高端的智能手机。这款手机的设计和产品表现以及给人的价值感，确实与众不同。消费者听到这个产品的名字，就会不自觉地将保时捷豪车的印象代入其中，大幅提高产品的心理价格。

有了这个心理预期后，等目标客户群看到高达 12999 元的销售价格时，也不会觉得特别离谱。从华为商城的手机销量数据来看，目标客户群对这款手机的接受度也是非常高的。

试想一下，如果这款手机没有跟保时捷合作，而只是华为自研的高端款，依旧售价 12999 元，你会觉得贵吗？除此之外，因为这个 12999 元的保时捷产品存在，华为商城里四五千元的其他手机也显得便宜起来，大家的购买欲望也会因此提升，这也是一种数字锚定效应。

（2）品牌副线。

一些高端品牌，想攻占低端市场，这个时候通常会选择开启一个新的品牌；同样，一些低端品牌，想售卖高端商品的时候，也会冠以一个全新的品牌名称。这么做也是为了避免印象锚定带来的影响。

如果新商品和原有商品的气质不符合，这种印象就很可能带来不良影响。例如，在便宜商品印象的衬托下，新的高端商品会显得巨贵无比，让消费者完全没有购买欲望。一旦开始使用新的品牌名称，原有品牌的锚定印象也就跟着消失不见。白纸好写字，这个时候再想售卖新的产品，就不会遇到旧品牌的阻力了。

在一些非标准化的产品和销售场景中，让目标客户群接受你的价格，锚定效应可谓至关重要。可以给目标客户群一个更高的锚定价格，让目标客户群对现在的价格满意。也可以给一些性价比低的产品作为对比，提高目标客户群对现有产品的性价比感知。可以跟高端奢华的品牌合作，提高目标客户群对产品的心理预期价。如果是低端品牌想打高端，那么最好起个新的品牌名称，消除印象锚定的负面影响。

4.3　损失规避效应

损失规避也叫损失厌恶，是指当人们面对同等数量的收益和损失时，通常会认为损失更加难以忍受，这种心理现象表明，人们对损失的敏感性要远超过对收益的渴望。损失厌恶反映了人们风险偏好的不一致性：当涉及收益时，人们表现出风险厌恶；而当涉及损失时，人们则表现出风险寻求。

以色列心理学家丹尼尔·卡尼曼和阿莫斯·特沃斯基在 1979 年的研究中首次描述了这一现象，通过一系列实验发现，人们在面对获得和损失的可能性时，会倾向于避免损失。例如，面对可能的损失，人们更愿意承担更大的风险，以避免实际的损失。

了解损失规避效应有助于理解人们在决策过程中的心理机制，以及如何利用这一原理来影响行为。例如，企业可能会利用这一效应来促进销售，如通过提供自提优惠而不是收取额外运费，从而改变顾客对损失的感知。此外，这一效应也解释了为什么人们在面对改变时表现出强烈的抵抗，因为改变意味着对现状的放弃，而放弃则可能带来心理上的损失。

利用这个心理来进行定价的方式有两种，一种是激起目标客户群的损失厌恶，一种是规避目标客户群的损失厌恶。比如，强调“最后一天”能激起目标客户群担心错失报名的损失厌恶，强调“考不过退费”会规避目标客户群担心学费打水漂的损失厌恶。

无论是激起还是规避，都会促进消费者的支付意愿。例如设定每报名超过一定人数就涨一定价格或每一期报名中前几个名额价格低，很多人会因为这种设定而报名。这显然要比降价、打折、优惠券等促销手段强。

因此，企业应该利用心理学上的损失规避效应综合制定产品价格组合，以达到自己的目标。

例如淘宝自从开启了 7 天无理由退换货后，相对于以前没有这个规则的时候，平台的生意变得更好了。给消费者一颗定心丸后，消费者更容易放下怀疑，进行下单，并且如果产品没有很大问题的情况下，消费者不会退货。

另外，一些企业开启新品试用活动，例如 1 元可以买一堆东西进行试用，然后到了某个时间点再还给企业，这也是利用了损失规避的思维产物。

消费者对商品价格不确定时，会用到判断商品价格是否合适的原则——避免极端。

第一种产品：功能有限、价格最低。

第二种产品：功能齐备、价格中等。

第三种产品：功能最多、价格最高。

让人们从以上三种产品中挑一种，大部分人都会选择第二种，这就是“避免极端”。

日常生活中，这样的套路随处可见。老到的房产中介会先给你介绍价格比较高的房源，因为这样接下来给你介绍的房源，只要是比最高价那个便宜些的，你都会觉得很值。

因此，当你有 A、B 两款产品时，A 的价格比 B 高，你想主推 A 产品，却发现销量并不高时，你可以考虑引进性能和 A 接近的 C 产品，但是把定价提高。这样三者对比，人们更多会选择价格适中的 A，心理会过滤掉极端的选项。

4.4 凡勃伦效应

凡勃伦效应是一种经济学现象，描述了当商品价格定得较高时，这些商品反而更受消费者青睐的情况，最早由美国经济学家凡勃伦提出，因此被命名为“凡勃伦效应”。

这种现象通常与消费者的心理因素有关，消费者购买某些商品的目的并不仅仅是获得直接的产品功能满足，更大程度上是获得心理上的满足和享受，这背后其实是消费者炫耀的心理需求。凡勃伦效应与传统的供需理论相悖，后者认为商品价格上升通常会导致需求下降。

奢侈品的价格原理是凡勃伦效应的具体体现，就是让奢侈品成了人们彰显身份、体现自己经济实力的商品。这就是为什么奢侈品的定价远远超过成本，却有无数消费者趋之若鹜。

例如款式、皮质差不多的一双皮鞋，在普通的鞋店卖 80 元，进入大商场的柜台，就要卖到几百元，却总有人愿意买。1.66 万元的眼镜架、6.88 万元的纪念表、168 万元的顶级钢琴，这些近乎“天价”的商品，往往也能在市场上走俏。因为只有商品的高价，才能显示出购买者的富有和地位。这种消费随着社会发展有增长的趋势。人们的消费会随着收入的增加，而逐步由追求数量和质量过渡到追求品位格调。只要消费者有能力进行这种感性的购买，凡勃伦效应就会出现。

企业也可以运用凡勃伦效应来探索新的产品定价策略。比如凭借媒体的宣传，将自己的形象转化为商品或服务上的声誉，使商品附带上一种高层次的形象，给人以名贵和超凡脱俗的印象，从而加强消费者对商品的好感，提升产品感知价值，产品价格采取高价策略，实现更高利润。

这种价值的转换在消费者从数量、质量购买阶段过渡到感性购买阶段时，就成为可能。实际上，在我国东南沿海的一些发达地区，感性消费已经逐渐成为一种时尚，而只要消费者有能力进行这种感性购买时，凡勃伦效应就可以被有效地转化为提高市场份额的营销策略。

凡勃伦效应告诉我们，艺术品的效用同它的价格高低有密切的关系。举例来说，一只手工制银汤匙的价格是 50 ~ 100 元，它的适用性通常并不大于一只同样质料的机器制汤匙，例如铝为原料的机器制汤匙，而后者的价格不过 1 ~ 2 元。就实际用途而言，手工制银汤匙往往不及机器制铝汤匙，然后手工制银汤匙的主要用途是迎合人们的爱好，满足人们的美感。而以贱金属为材料的机器制品，则除了实用以外，是别无特色的。凡勃伦总结道：第一，制成两种汤匙的材料，在使用目的上各有其美感与适用性，虽然手工艺品所用材料的价值，往往高于贱金属约百倍以上，但是，就实质与色彩而言，前者并不见得大大地超过后者；第二，假定某种被认为是手工制品的汤匙，实际上是仿造的赝品，仿造得非常精巧，但这一作伪情况一旦被发现，那么这件物品的效用价值，包括使用者把它当作一件艺术品时所感到的满足，将立即下降80%～90%，甚至更多；第三，只要那个机器制的汤匙本身不是件新奇物品，并且可以用极低的价格购得，它就不能由于形式上和色泽上相同这一点而抬高身价，也不能由此显著地提高使用者美感的满足。

很多人可能听过这个故事。有一天，一位禅师为了启发他的门徒，给他一块石头，叫他去蔬菜市场试着卖掉它。这块石头很大，很美丽，但是师父说："不要卖掉它，只是试着卖掉它。注意观察，多问一些人，然后只要告诉我在蔬菜市场它能卖多少。"在菜市场，许多人看着石头想：它可作为很好的小摆件，孩子可以玩儿，或者可以把它当作称菜的秤砣。于是他们出了价，只不过几枚小硬币。那个人回来，他说："它最多只能卖几个硬币。"师父说："现在你去黄金市场，问问那儿的人，但是不要卖掉它，光问问价。"从黄金市场回来，这个门徒很高兴，说："这些人太棒了。他们乐意出到1000元。"师父说："现在你去珠宝市场那儿，低于50万元不要卖掉。"他去了珠宝商那儿。他简直不敢相信，他们竟然乐意出5万元，他不愿意卖，他们继续抬高价格——他们出到10万元。但是这个门徒说："这个价钱我不打算卖掉它。"他们说："我们出20万元、30万元！"这个门徒说："这样的价钱我还是不能卖，我只是问问价。"最后，他以50万元的价格把这块石头卖掉了。他回来，师父说："现在你明白了，如果你不要更高的价钱，你就永远不会得到更高的价钱。"

凡勃伦效应告诉我们，高端消费人群影响并带动消费行为。商品价格下降时，有的消费者会认为是该商品质量滑落，或视为其独占性的丧失，而停止购买该商品。

4.5 价格阈值效应

阈值原意为临界值，是指克服惯性、打破原有均衡所需要的最小力度（最小变化量）。超越阈值、打破原有均衡引起的改变则称为阈值效应。例如，必须要加热到100℃水才能完全沸腾，即使到了99℃也不行；水温需要降到0℃以下才能结冰，即使温度降到了0.5℃也不行。

这里的 100℃和 0℃就是一个临界值，也可以叫阈值，阈值之前是一种形态的存在，阈值之后又是另一种形态的存在。

在现实生活中有一种阈值效应，意思是只要你没过临界点，你再怎么努力都没有用，都是不断低水平重复，不到临界点，就不会有质的变化。

4.5.1　价格阈值效应

价格阈值是一个价格点，一旦越过就会触发销量的显著变化。企业都期望能找到接近这个阈值的点进行定价，能让目标客户群弱化感受价格带来的冲击力，减少支付决策的负担。

一般来说，这些价格阈值恰好低于 5、10 或 100 这样的整数。因此，第一个数字对价格感知的影响最大。9.95 的价格被认为是“9 加几”。像是 6000 和 5999 带来的感受是不同的。这种利用了价格阈值的尾数策略在零售行业比较普遍，通常是价格不高的日常消费品。

这一结论中隐含着这样一种观点，即客户会高估略高于整数的价格。

存在价格阈值效应的事实，或者更确切地说，相信价格阈值效应的存在，使得这些奇数价格的使用在实践中格外流行。

现在超市货架上商品的价格，几乎没有一件是整数。用老百姓的话说，价格都有个零头。早年间，物价低，几毛钱的零头，还有区分价格的功能。现如今，一件商品差几分甚至几毛钱，似乎也没那么大区别，付款算账还麻烦，商家为什么非要保留这个零头呢?

具体的应用体现是目标客户群的阅读习惯是从左到右读取价格中的数字，并以强度递减的方式感知它们。顺应这种习惯，企业在定价时倾向对前面的位置放置小的数字，在后面的位置安排大的数字。

带着这个疑问再观察，有了更有趣的发现：很多商品的价格是以 9 或者 8 结尾的。比如，一堂知识付费网课的常见价格是 9.9 元，一盒饼干的价格是 19.8 元。商家一般不会把 9.9 元一堂的网课定为 10.1 元，也不会把 19.8 元的饼干价格涨成 20.1 元。就是说，价格总是接近却小于某个整数，而不是超出某个整数。这又是为什么?

略低于整数（例如 2.99 美元）的价格被认为比整数价格（例如 3.00 美

元）要便宜得多。尽管消费者可能意识到这之间的价差完全可以忽略不计，但他们还是会潜意识地受其影响。

当存在价格阈值效应时，价格响应函数曲线会在价格阈值处出现拐点。

价格阈值为10元的例子说明了这一点。在阈值左侧，价格响应函数被定义为Q=150–10P，Q为销量，P为价格。在阈值右侧，价格响应函数为Q=120–8P。该函数在P=10处中断，之后销量突然从50个单位下降到40个单位，如图4–5所示。

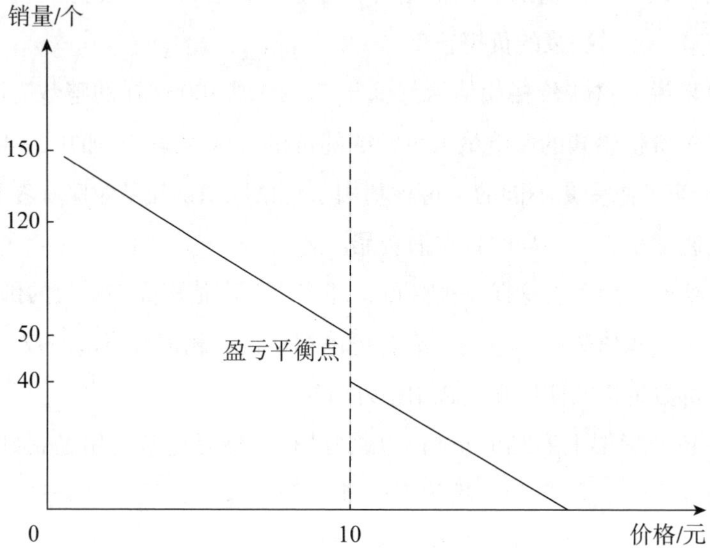

图4–5　价格阈值效应

当产品价格超过价格阈值时，人们通常会表现出更高的价格敏感度。

只要价格仍然低于价格阈值，定价就应该尽可能定得高，即收费价格以0.99、4.99或9.99结尾。这些微小的价格差异可能对销量几乎没有任何负面影响，而在单位边际贡献较低时，企业就可以产生显著的利润增长。

如果人们在考虑你的产品时有一个50美元的心理阈值，如果你将价格定在51美元而非49.99美元，瞬间就会有很多人认为这价格无法接受。

4.5.2　价格尾数

目标客户群会将一个 9.9 元的产品认为是 9 元的，但应该避免标价 999 元及标价以 0 或 5 结尾，这样能够便于目标客户群处理和记忆。价格标签带有“特价”字样时往往可以刺激需求，但超过某个数量时，特价标识反而会使人反感。

主要有以下一些定价策略。

（1）尾数定价策略。

在给产品定价时取尾数而不取整数的定价策略。多用于价格较低的产品，给目标客户群以便宜感，易于扩大销售。如将产品定为 9.90 元，比标价 10 元更受欢迎，前者更便宜。

（2）整数定价策略。

与尾数定价策略相反，指有意将产品价格定为整数，以显示产品具有一定质量，易使目标客户群产生一分钱一分货的感觉，提升产品形象，多用于较贵的耐用品或者礼品。

（3）招徕定价策略。

利用部分目标客户群求廉的心理，特意将某款产品价格定得非常高，或将几种产品价格定得非常低，以吸引目标客户群购买，扩大销售，提升整体销售收益。

（4）声望定价策略。

利用目标客户群仰慕名牌或名店的心理来制定产品价格。一般用于不易鉴别质量的产品，如首饰、化妆品，甚至选学校也是如此。

（5）习惯定价策略。

按目标客户群的需求习惯和价格习惯定价的技巧。一般而言，目标客户群经常购买、使用的日用品，会在目标客户群心中形成习惯价格标准。这类商品价格通常不宜变动，在必须变动时，宁可调整产品的内容、包装、容量也不宜直接提高价格。

（6）折扣与折让定价策略。

实质就是降价策略，根据目标客户群数量、条件不同给予不同的价格折扣，目的是鼓励购买。包括现金折扣、数量折扣、价格折扣等。

因此，一般企业相信存在一个特定的价格阈值，一旦价格超过某个整数，销量将会出现明显变化，所以选择将价格设定在阈值以下，并尽量接近这个阈值，以小数点后的 9 或 8 结尾。一个简单的定价背后，其实是企业经营过程中一连串复杂的决策。对企业来说，在把产品推向市场之前，必须了解清楚产品价值、目标用户、价格弹性、消费场景、市场环境，并结合消费者的心理效应作出产品定位、定价策略、营销策略等，任何一个环节的失误，都可能导致最终的失败。

4.6 对比效应

对比效应认为，若甲物明显比乙物要好，消费者会倾向购买甲，哪怕还有其他许多选项，哪怕根本没有办法判断甲是不是所有选项中最好的。仅仅某个突出特点甲比乙好就是一个卖点，它承载着远比理性更大的分量。权衡对比原则说明购物者想选一个合乎情理的东西，他可以告诉自己，买甲比买乙要好。

4.6.1 人脑的对比机制

大脑是非常喜欢作对比的，因为没有对比，大脑就没有标准可言，只有对比，大脑才能够更好地作出判断。

其实人的很多认知都是靠对比形成的。假设一个企业有 3 款空调产品：

（1）A 款空调，只有制冷功能，三级能效，普通定频，定价 1600 元；

（2）B 款空调，有冷暖功能，一级能效，变频省电，定价 2000 元；

（3）C 款空调，有冷暖功能，一级能效，变频省电，体积更大一点，定价 3000 元。

这时候大部分人都会选择定价 2000 元的 B 款，因为对比 A 款空调，B 款空调带冷暖功能，而且更省电；对于 C 款空调，虽然体积大一点，但贵 1000 元。其实这就是企业应用对比效应，把 A 和 C 作为参照物，“强迫”目标客户群进行比较，选择 B 款空调。

对比效应起作用有以下两大要素。

（1）形成鲜明的对比。

拿出来对比的产品，不管是功能、大小或者价格，都需要跟主推款有明显的差距，突出主推款的优势，让客户一看就能马上作出判断，不让客户有太多的思考，才能达到最好的效果。

只要让客户减少思考的步骤，就能提升决策的速度，成交的速度也就更快。

（2）降低客户的可选择性。

就像上面的例子，客户购买空调的时候，把产品 A 和产品 C 放到产品 B 的旁边，A 和 C 都只是作为对标物，让客户进行对比的，重点用 A 和 C 产品突出 B 产品。所以，不能在产品展示区内放太多的相关产品，这样效果会适得其反。因为只要有了足够多的选择，人的大脑就会不断地进行对比，很容易因此受到干扰而导致“死机”现象，也就是经常说的选择困难症。

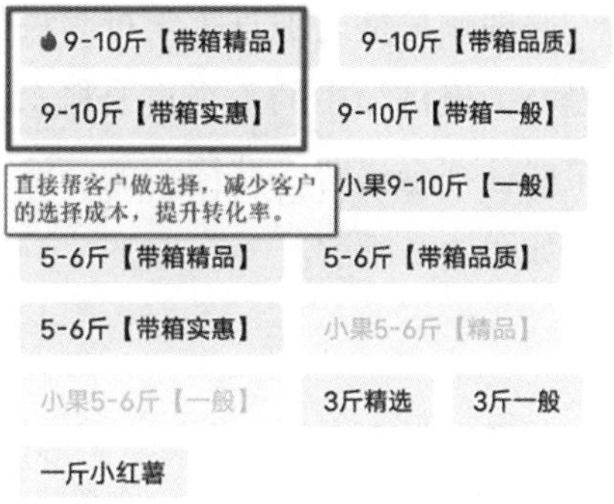

图 4–6　标价方式

具体做法：减少客户可对比的同类产品，例如在电商平台上可以在单品中“帮”客户作选择，很多卖得很爆的店，通常都只有几款产品，特别是线上。如图 4–6 所示。

这就是对比效应应用的核心，你需要尽量减少客户的思考和选择，让客户看一眼马上就能对比出哪个是最划算的。因为这时候客户会认为“这是我自己判断的结果，我买到了最好、最划算的产品”。

4.6.2　转移标点策略

在产品没有优势的情况下，特别是电商平台上，客户搜索后一眼就能对比出同类产品价格，这时候价格锚点方法就会显得比较尴尬。这种情况下，可以考虑转移标点策略。“标点”其实就是标杆、参照物。

把对比点从价格转换到效果、配方上面，转换一个对比点，这就是转换标点策略。我们可以根据不同的产品、不同的竞品情况，不断地转换，寻找新的“标点”。

要灵活运用好转换标点策略，需要深度理解价格标点底层对比效应的原理和两大要素。当需要主推某个产品的时候，可以考虑用价格标点的方式来“帮助”目标客户群作选择，提升转化率。

4.7 心理账户

心理账户是芝加哥大学行为科学教授理查德·塞勒提出的概念。心理账户是行为经济学中的一个重要概念。由于消费者心理账户的存在，个体在作决策时往往会违背一些简单的经济运算法则，从而做出许多非理性的消费行为，如图 4–7 所示。

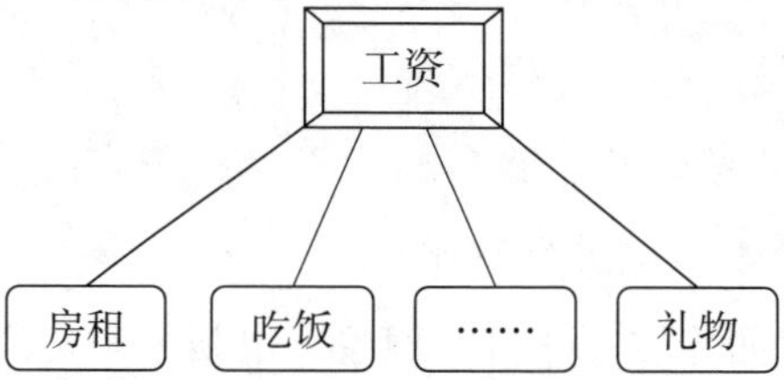

图 4–7 心理账户模式

人们在消费决策时把过去的投入和现在的付出加在一起作为总成本，来衡量决策的后果，这种对金钱分账管理和预算的心理过程就是心理账户的估价过程。

塞勒曾讲过一个故事。有一次他去瑞士讲课，给他的报酬还不错，他很高兴，讲课之余就在瑞士进行了一次旅行，整个旅行非常愉快，而实际上瑞士是全世界物价最贵的国家之一。后来，他在英国讲课，也有不错的报酬，就又去瑞士旅行了一次，但这一次到哪里都觉得贵，觉得特别不舒服。

为什么同是去瑞士旅行，前后两次的感受完全不一样呢？原因就在于第一次他把在瑞士挣的钱与花的钱放在了一个账户上；第二次不是，他把在别的地方赚的钱花在了瑞士的账户上。跟团旅游同样如此，先付掉旅行所有的费用和先付一部分费用，可能路线、费用都一样，但舒适度是完全不同的。

前一种是怎么玩乐怎么高兴，因为钱已付了；后一种情绪变化会比较大，因为总在掏钱。

因此，企业不要让目标消费者痛苦分阶段，既然痛苦不可避免，就应让痛苦一次到位，剩下的全都是好的。例如售房也是这样，售楼合同书一定要清晰，将所有的成交流程、费用列清，企业千万不要采取“先钓鱼再上钩”的策略，让客户一步一步地感受痛苦。

人们都有两个账户，一个是经济学账户，一个是心理账户，心理账户的存在影响着人们的消费决策。经济学账户里，每一元都是可以替代的，只要绝对量相同。在心理账户里，对每一元并不是一视同仁，而是视不同来处、去往何处采取不同的态度。

心理账户有三种情形：

一是将各期收入或各种不同方式收入分在不同的账户中，不能相互填补；

二是将不同来源的收入作不同的消费倾向；

三是用不同的态度对待不同数量的收入。

例如，正常人如果月末得了 500 元的奖金，可能会拿出 400 元去买心仪已久的领带，把剩下的 100 元作为零用钱；但是如果领到了 5000 元工资，反而没有动力去买 400 元的领带，也许会将 5000 元存入银行。

每个人都有一个心理账户。心理账户根据不同的类别定义，例如食物、度假、兴趣爱好、汽车或礼物等。应用心理账户可为溢价找到一个合理的理由。

既然消费者存在这样的心理账户，那么企业需要有意识地引导消费者向更贵的账户转移，才能获得更高利润。企业应该研究消费者将自己的特定产品归入哪个账户，以及该类别产品的价格敏感度，制定相应价格支付策略。企业可通过先分析了解目标用户主要存在哪些心理账户，舍得在哪个账户上花钱，然后运用情感化设计来突出强调，为用户找一个适当的花钱理由，从而减少花钱的心理愧疚，促成购买。

例如，同样一件标价为 2000 元的衣服，如果是给自己买可能觉得贵，舍不得买，但如果是送给心爱的人的生日礼物，可能就会毫不犹豫地买了。这是因为，用户把这两类支出归到了不同的心理账户，前者是使用功能，后者上升到情感维系。

4.8 稀缺原则

4.8.1 稀缺原则含义

美国心理学家罗伯特·西奥迪尼提出了稀缺原则的概念：机会、内容或产品越少，其价值就越大。也就是说，害怕失去某种东西的想法，比渴望得到某种东西的想法，对人们激励作用更大，所以截止日期、抢购、秒杀等销售手段，能高效刺激顾客购买欲望。

稀缺原则实际上是供需关系的简化，反映的是供需的对比。当一个东西供应小于需求时，就可以说是稀缺的。就是这样一个简单的原则，可以解释生活中很多现象。钻石之所以珍贵，就是因为生产厂家严格控制生产节奏，绝对不让太多的钻石流入市场。饥饿营销就是很多厂商深谙此道的应用，限量发售也是这个道理，没有稀缺，就主动制造稀缺。

如果你没有做到稀缺，强行定高价，商品自然无人问津，为了收回成本，你只能降低价格。相反，如果你做到了稀缺，即使开始的价格定低了，随着需求的增多，价格也会上涨。如果你不上涨，就会出现黄牛，帮你上涨。换句话说，如果你做到了稀缺，定价权就掌握在你手里。

消费者对稀缺商品的价值认知要高于普通商品。心理学家认为，当一种商品或服务被认为稀缺时，人们就会更想得到它。在日常生活中，人们看到的广告常常用到这个原理，例如限时供应、限量供应、清仓甩卖、库存处理等。这种通过广告制造出来的稀缺性效应，也会导致对这种商品的需求激增。如果某种商品供应量充足，从来不稀缺，那么它就不会被消费者重视。营销人员常使用稀缺原则作为一种销售策略，以产品产量小为由，制造稀缺效应，从而推动销售。稀缺原则背后的心理学原理在于社会认同，社会认同是一种信念，即如果一件产品稀缺，那么人们会普遍认为其质量较高，物有所值。

大多数奢侈品都是利用稀缺原则来推动销售，比如各式各样的限量款、定制款等。科技公司也常采用这种策略引起人们对新产品的兴趣与关注，例如手机厂商推出新款手机时，由于其初期产能有限，多采用“预售+抢购”

的模式来吸引消费者定时定点参与抢购活动。

4.8.2　稀缺环境建立因素

物以稀为贵，所以企业都希望建立自己产品的稀缺环境。然而，不是任何产品都能够建立起稀缺环境。

建立稀缺环境，至少要有以下因素。

1. 知名度

如果是非知名品牌制造稀缺，可能只是为竞品带去了市场份额而已。因为消费者可替代的产品太多，没必要购买这个“假”稀缺产品。如小张买个普通的行李箱，如果你和他说仅此一款，所以需要 1000 元，那这个理由显然不如皮箱质量好更能打动小张。但是，如果是 LV 限量款的行李箱，仅仅因为是限量款，质量也许没那么好，需要 1000 元，小张也许会考虑下单，这就是品牌稀缺性发挥作用。

2. 属性稀缺

属性稀缺就是在消费者可接触的范围内有没有可以替代产品，如果没有可替代产品，就会因属性稀缺而获得更高利润。

产品做到属性稀缺，需要有以下 3 方面优势。

（1）手工制作。

很多奢侈品都采用了手工制作策略，手工具有强烈的稀缺性，好的手艺人就那么些，单位产量就那么多。

（2）新技术。

新技术也可以制造稀缺，典型的就是苹果公司依靠 IOS 系统取得了手机行业的头部地位。当然，技术的更新速度特别快，依赖新技术创造稀缺已经越来越难。

（3）有限资源。

好的葡萄酒为什么那么贵？因为好的葡萄酒需要好的葡萄，好的葡萄对产地环境要求很高，葡萄的产量是有限的，从而造成了好的葡萄酒也是有限的。

综上所述，创造稀缺固然可以获得更高的利润空间，但也需要品牌方整体考量：是否具备创造稀缺的能力？是否能够让消费者觉得稀缺是有价值的？

第二篇
新产品定价战略

| 科学的新产品定价战略能提升产品竞争力。

第 5 章 产品定价方法

产品定价是企业根据市场需求、成本、竞争状况等因素，为产品或服务设定一个合理的价格的过程。合理的定价不仅有助于企业实现盈利目标，还能提升品牌形象、增强市场竞争力，是企业经营策略中的关键环节。

合理的定价策略有助于企业在激烈的市场竞争中脱颖而出，吸引更多消费者，提升市场竞争力。通过科学的定价方法，企业可以在保证销量的同时，实现利润最大化。定价策略不仅关乎产品销量，还影响消费者对品牌的认知。恰当的定价策略有助于提升品牌形象和价值。

根据产品特性、市场需求和竞争状况，灵活运用成本导向、竞争导向和需求导向等定价方法。随着市场环境和消费者需求的变化，持续优化价格策略，以保持竞争优势。

5.1 定价常见问题

任何公司面临的最大挑战之一就是产品定价。这不仅适用于创业企业，也适用于成熟企业，尤其在那些利润率低、竞争激烈的行业。多数定价问题的共同核心是风险：价格设定太高——可能会失去潜在的客户；价格设定太低——利润减少。

5.1.1 常见定价错误

如果你能避免以下错误，就不仅能在竞争中领先，还能超越多数其他企业。

1. 价格太低，总在减价

对有些公司来说，这并不是错误，并不是非常好的策略。价格总是走低可能会获得较高的营业收入，但也可能会损失利润底线，这关系到企业的生存问题，企业需要平衡利润和价格的关系。

2. 所有产品保持同样的毛利率

没有规则说所有的产品都需要同样的毛利率。事实上，周转慢的项目需要更高的毛利率，如果销量很大可以用低些的毛利率。即使是这样，企业还是应该寻找既能增加销量又能提高毛利率的方式。

3. 总是遗漏某些成本因素

为了正确地定价，需要识别每一项成本。即使是微不足道的项目，像信用卡处理费，通常也会增加每笔交易 1%～2% 的成本。其他项目，像送货或运输费，也能在不知不觉中增加成本。商品的成本对企业的生存有着重大影响。

4. 与竞争者采取类似策略

不要跟风竞争，多做点功课，挖掘真正能为顾客提供的产品价值。然后根据这种价值给商品定价，这样能抵御竞争保持价格。只要你有充足“理由”，你的产品就值这个价格。

5. 打折没有增加产品价值，只是减少了利润价值

打折 10%，通常可能需要多销售 50% 的产品才能保持利润底线。在打折中成本也会增加，应该挖掘是否有增加产品或服务价值的方法，放弃那些不能产生利润的东西。正确实施后，也能改善客户体验。好体验是获得回头客的关键，利润也会随之增加，增强对自己产品和服务价值的信心。

5.1.2 高定价的方法

高定价的方法有 3 个方向：

（1）改良企业的产品或服务，提升产品价值，产品只是用来满足需求的，背后给消费者带来了什么好处，才是提供的价值，才是消费者买单的原因；

（2）找到更能接受并需要这个产品的人群，明确细分客户画像，对应客户群体很重要；

（3）对团队用更大的激励机制，这里的激励不一定是金钱，因人而异，针对不同的人，采取不同的激励方式。

这些都是中长期的解决方案，而一旦降价，就意味着改变了定位，原有的客户也会离去，品牌价值也会随之受影响，并且降价是最昂贵的市场营销策略。

5.1.3　产品定价决定盈利水平

产品定价在商业竞争中很重要，甚至有很多商业人士直言：定价就是定生死！

但事实上，在研究大多数酒企新品推广失败案例后发现，只有少数是产品自身缺陷造成的，80% 以上都是在产品运营过程中因操作不当或策略失误而失败。价格一定要由经营者决定才行，也就是“定价就是经营”。

因为客人喜欢，所以新产品才有价值，因此使用者愿意付更多的钱来买，这才是新产品的定价标准。最理想的价格应该是在顾客愿意买的价格范围内的最高点，而且就只有那么一个点。价格定了以后，几乎就无法再提高了。

定价有多重要？

企业从产品设计、原材料选供、加工生产、销售渠道铺设，到最关键的定价，若随意则可能直接使前期的努力付诸东流。

驱动企业利润的一般有以下 4 个可变因素：

（1）销量；

（2）可变成本（原料成本）；

（3）固定成本（办公场地、生产设备、雇员工资等）；

（4）产品价格。

一项研究表明：当销量提高 1% 时，企业的利润会提高 3.28%；当可变成本降低 1% 时，企业的利润会提高 6.25%；当企业的固定成本下降 1% 时，企业的利润可以提高 2.45%；而当价格提高 1% 时，企业的利润可以提高 10.29%。由此可见，一个产品的合适定价将直接影响企业的利润。

另外，多数公司应对价格压力的最好办法是发布新的产品和服务来维持生存。然而，其中 72% 的创新无法达到目标营收或者利润，甚至一败涂地。

这是为什么?

新产品的失败有很多原因，但所有创新噩梦的根源是无法将客户的支付意愿置于新产品设计过程的核心地位。大多数公司推迟定价直至产品研发完成。他们开始一段漫长、昂贵的征程，却只是希望而不是笃定新品会盈利。

在早期就深入了解客户愿意为怎样的产品买单，将大大提高胜算。产品商业化方面的问题，常常发生在公司还没有事先对新品进行彻底的价格测试就试图投入市场的时候。

5.2 定价选择模型

产品定价方法按照不同的价值导向，大致分为成本导向定价法、需求（价值）导向定价法和竞争导向定价法 3 种。产品成本决定产品价格的下限；顾客感知价值决定产品价格的上限；竞争状态决定产品价格的实现值。如图 5–1 所示。

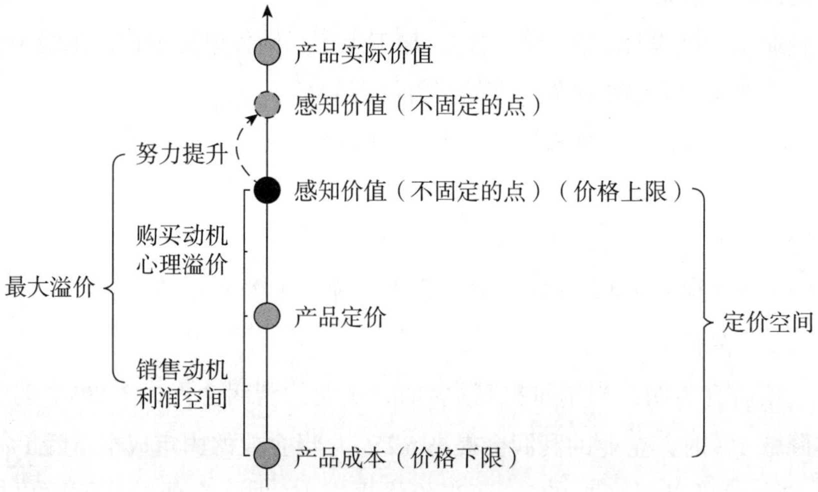

图 5–1 产品价格决定因素

（1）成本导向定价法是将成本作为价格依据，最为经典的成本导向定价法计算公式：单价 = 单位成本 ×（1 + 目标利润率）。

（2）价值导向定价法根据目标客户群愿意支付的价格来定价，目标客户群的心理价值是愿意支付的价格，产品价格不高于预期就会有购买动机。产品定价需要做的就是找出目标客户群的心理价值，提高感知价值。

（3）竞争导向定价法以同类竞品价格为定价基本依据，常见于随行就市定价法，此外还有投标、拍卖定价法等。

5.2.1　产品定价方法选择模型

每种方法都有不同的优缺点，那么在什么情况下应该选择哪种方法呢？利用产品定价方法选择模型来确定。

产品定价方法选择模型是由纵轴市场竞争程度和横轴消费者对产品认知程度两个维度构建的四区域矩阵，如图 5–2 所示。处于不同区域的企业应该采取不同的产品定价方法。

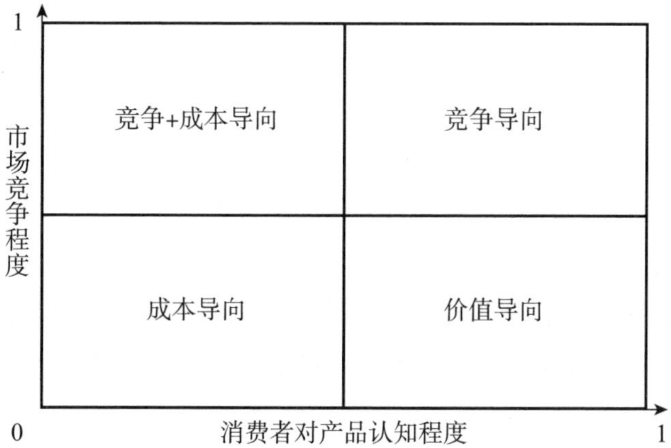

图 5–2　产品定价方法选择模型

第一区域（竞争导向）：第一区域的产品所处的市场竞争非常激烈，竞争对手不但多，而且产品的同质化严重；消费者对产品的功能、制造成本、使用方法等感知度和认知比较熟悉，对价格敏感；本区域的产品一般处于产品生命周期的成熟期或衰退期。产品定价方法适宜以竞争导向为主。

竞争导向定价策略是根据竞争对手的价格来制定自身价格的策略。优点是能够迅速适应市场变化，保持价格竞争力。缺点是过于关注竞争对手，可能忽视自身成本和市场需求。

因此，基于市场竞争定价的主要问题是不要将产品定价过低，否则很难获得可持续的利润。如果竞争对手是一家生产批量化产品的大公司，那就很难去跟其竞争。

第二区域（竞争＋成本导向）：第二区域的产品所处的市场竞争非常激烈，竞争对手比较多，产品有一定的差异性；消费者对产品的功能、制造成本等感知度和认知程度比较低，产品的生命周期可能处于成长期。产品定价方法适宜以竞争＋成本导向为主。

竞争＋成本导向定价法一般需要研究市场上所有竞争产品，并确定自身产品的合适位置。通常，销售价格和功能决定了它将在市场竞争中占据的位置。

第三区域（成本导向）：第三区域的产品所处的市场竞争不激烈，竞争对手比较少，产品一般处于产业发展初期；消费者对产品的制造成本等认知度比较低，产品的生命周期可能处于萌芽期。产品定价方法适宜以成本导向为主。

依照产品成本进行定价，是国内企业最常用的定价策略，特别是在传统企业。成本定价法是作为以卖方为导向的定价方法，是在一种相对理想化的状态下进行的，比如既要满足内部的毛利、资源要求，又要满足外部的价值分配，缺乏弹性变动的灵活性，不能适应迅速变化的市场需求。企业重点考虑产品的材料成本和利润空间，对产品的目标客户群价值关注较少，缺乏对产品的功能和技术创新。

第四区域（价值导向）：第四区域的产品所处的市场竞争不激烈，竞争对手比较少，产品有一定的差异；消费者对产品的功能、制造成本等感知度和认知程度比较高。产品定价方法适宜以价值导向为主。

价值导向定价要求充分平衡价格和销量的关系以实现利润最大化，它的合理性在于既能满足企业追求利润，也能满足目标客户群得到产品价值。

成本其实就是产品的最低价格，产品价格高于成本就能盈利，感知价值就是最高价，就是价格不能超过目标客户群价值感知。价格在这两点之间，目标客户群有购买动机，企业也能赚到钱。

现实中，目标客户群在购买产品的时候，不知道也无法判断成本到底是多少，在意的只是自己付出的价格是不是合理，能不能得到自己预期的价值，以及感知价值剩余有多少。只有当产品所提供的价值同消费者认知价值一致时，产品价值才能有效实现。

5.2.2　最优价格

定价方法如何确定最优价格呢？

所谓最优价格，就是在成本之上，目标客户群感知价值之下，找到一个平衡点，这个点能使企业与目标客户群两者诉求都能满足。

类似供求均衡机制，当价格在这个点时，品牌盈利最大化，同时也能对目标客户群产生较强的吸引力和购买欲望，即人们所说的“物有所值”“性价比高”。目标客户群对价格会有这样的期待。

基于价值的定价会将购买者的心理纳入价格体系中。基于价值的定价依赖于为买方提供的价值。假设你的产品是一种节能设备，可以使普通家庭每年减少300元的电费。这就说明产品的价值至少为300元。实际上，基于价值的定价还必须将竞争对手的定价纳入定价体系。尽管你的节能设备每年可以为目标客户群节省300元，但市场上竞争对手的解决方案可能仅售100元。关键是要使你的产品与竞争对手有足够的差异，从而使买方的价值成为他们决定购买的主要因素。

产品的价格变动，要看目标客户群从产品中得到的价值是不是发生了变化，也就是说，如果目标客户群从产品中得到的价值没有发生变化，那么产品的价格就不应该发生变化，比如产品的独家技术，能提供给目标客户群其他同类产品提供不了的功能和服务，就不需要受到行业其他品牌的降价影响，因为你的产品提供给目标客户群的价值没有发生变化。

假设一台单功能电饭煲（只能煮饭）市场的销售均价为99元，在不发生大的供需变化或者价格战的情况下，可以把单功能电饭煲的产品价值等同于99元左右；如果推出一款单功能的电饭煲单价远低于99元，那就是偏离了价值定价；如果电饭煲还有其他功能，可以通过目标客户群调研、概念测试等手段，确定该功能的价值，作为产品整体价值考虑的一部分。参与目标客户群调研的消费者，可能会故意夸大其对该功能可以接受的价格，需要多次验证。

5.3 成本导向定价法

成本导向定价法是以产品单位成本为基本依据，再加上预期利润来确定价格的定价法，是中外企业最常用、最基本的定价方法。成本导向定价法又衍生出了成本加成定价法、目标利润定价法、盈亏平衡定价法、边际成本定价法等几种具体的定价方法。

可用公式表示：

产品价格 = 产品成本 + 税金 + 企业利润 + 批发企业利润 + 零售企业利润

正常情况下，成本是产品价格的下限，除非企业有特殊目的，否则一个企业不可能长期以低于成本的价格销售产品。基于成本的定价，在大宗商品交易中比较常用。

5.3.1 成本加成定价法

成本加成定价法是在产品单位成本的基础上加上一定比例的加成后所制定出来的价格。

产品价格 = 单位成本 ×（1+ 加成率）

单位成本 = 单位可变成本 + 固定成本 / 预期销售量

“一定比例的加成”往往是该产品的期望利润率，但有两种计算方式。产品价格是建立在成本基础上的：产品价格 = 单位成本 ×（1+ 加成率）；产品价格是建立在销售价格基础上的：产品价格 = 单位成本 /（1– 加成率）。

如某款产品的单位成本是 100 元，不考虑其他因素，假若公司希望在产品成本上有 20% 的利润，则产品价格：100×（1+20%）=120 元；若公司希望在销售价基础上有 20% 利润，则产品价格：100 /（1–20%）=125 元。前者用于计算出厂价非常方便，后者则要求考虑渠道加成率，现实中不同渠道加成率不同。

5.3.2　目标利润定价法

目标利润定价法指根据总成本和估计的总销量，确定期望达到的目标收益率，然后推算价格，其基本公式：

产品价格 =（总成本 + 目标利润）/ 总销量

目标利润 = 投资额 × 目标利润率

总成本 = 固定成本 + 变动成本

目标利润定价法的特点：首先确定一个总的目标利润或目标利润率，然后把总利润分摊到每个产品中去，与产品的单位成本相加，就可以确定价格，例如美国通用汽车把目标利润率定为 15% ~ 20%。

目标利润定价法的不足：价格是根据估计的销售量计算的，而实际操作中价格的高低反过来对销售量有很大影响。销售量的预计是否准确，对最终市场状况有很大影响。企业必须在价格与销售量之间寻求平衡，从而确保用所定价格来实现预期销售量的目标。

目标利润定价法：

销售量 × 价格 = 固定成本 +（销售量 × 单位变动成本）

销售量 = 固定成本 /（价格 – 单位变动成本）

目标利润定价法的要点是找出损益平衡点。采用此法时要明确实现的目标利润和大致的需求弹性是多少，最后考虑价格。

5.3.3　盈亏平衡定价法

盈亏平衡定价法是指在销量既定的条件下，企业产品的价格必须达到一定的水平才能达到盈亏平衡、收支相抵。既定的销量就称为盈亏平衡点，科学地预测销量和固定成本、变动成本是盈亏平衡定价的前提。

产品价格 = 单位变动成本 + 固定成本 / 总销量 + 目标利润

现实情况复杂得多，还取决于生产水平、生产经验、成本函数，而每个企业又是不同的，如图 5–3 所示。

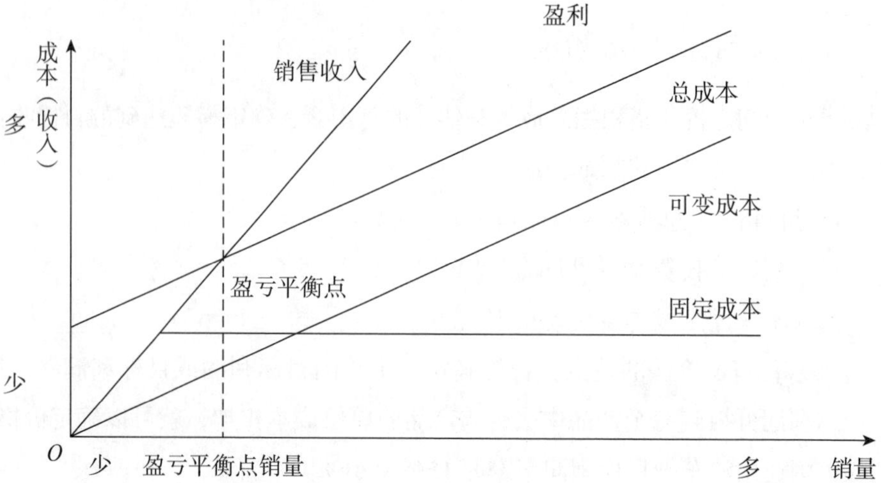

图 5-3 盈亏平衡分析

5.3.4 边际成本定价法

使用边际成本定价法的前提条件是市场需求曲线和边际成本曲线是给定的，边际成本定价法是用两条曲线的交叉点来确定产品价格的方法。

完全竞争市场上，平均收益、边际收益、需求曲线是相同的，连均衡价格都与其相同，只有当边际成本与以上曲线相等时，才可能不亏损，也就是说价格等于平均可变成本。这样，一方面保证了品牌获得最大收益，另一方面又保证了消费者能够获得低价，从而获得最大效用。

完全垄断市场上，则需要将价格定在边际成本之上，并进行供给限制，可获得超额利润，但同时也需要注意市场需求状况，即需求价格弹性的大小，产品需求价格弹性较大，定价就得低一些。

5.3.5 安全定价法

安全定价法也叫一揽子定价法，是针对消费者在购买大件耐用消费品时担心维修不便等心理，把商品本身的价格与确保消费者安全使用的费用加总计算，从而确保降低消费者的消费风险和增强安全感。

消费者在决定购买大件耐用消费品时，不仅注重价格高低，更注重质量的可靠性，安装和维修是否方便，易耗件能否保证供应，搬运过程中会不会有损坏，诸如此类问题成了消费者的心理障碍。此时，企业可以把售后服务费用、确保消费者一定时期内安全使用所需的费用，包括送货上门、代为安装、附送易耗件、一定期限内维修的费用按估算的平均水平全部计入价格内，将产品的售后服务措施公布于众。这样就能消除购买者的后顾之忧，增强安全感，从而促进销售。

5.4　竞争导向定价法

竞争导向定价法是企业通过研究竞争对手的生产条件、服务状况、价格水平等因素，依据自身的竞争实力，参考成本和供求状况来确定商品价格。以市场上竞争者的类似产品的价格作为本企业产品定价参照的一种定价方法。

市场价格≈竞争对手市场价格

竞争导向定价策略的优点是能够迅速适应市场变化，保持价格竞争力；缺点是过于关注竞争对手，可能忽视自身成本和市场需求。适用场景是市场竞争激烈，消费者对价格敏感，自身产品与竞争对手相似。

5.4.1　随行就市定价法

随行就市定价法是指根据同类产品的现行平均价格水平来制定价格，这也是一种被广泛采用的最简单的定价方法。其原则是使本企业产品的价格与竞争产品的平均价格保持一致。

该方法主要适用于需求弹性较小或供求趋于平衡的市场环境，任何一家企业都无法凭借自己的实力在市场上取得绝对的优势，为了避免竞争特别是价格竞争带来的损失，大多数企业将价格保持在市场价格水平上获取平均利润。

一般来说，在基于产品成本预测比较困难、竞争对手不确定，以及企业希望得到一种公平的报酬和不愿打乱市场现有正常秩序的情况下，这种定价方法较为行之有效。

随行就市定价法的优点：

（1）平均价格水平通常被认为是合理价格，易为目标客户群所接受；

（2）容易与竞争对手和平共处，避免激烈竞争；

（3）一般能为企业带来适度的利润；

（4）可适用于任何市场结构。

值得注意的是，随行就市的产品价格不是固定价格，而是随着行业产品需求和成本的变化而变化的。

5.4.2 竞争价格定价法

除了随行就市定价法外，为了品牌的生存与发展，现实中，一般可以在其他营销手段或方法的配合下，使价格高于或低于竞争对手价格，并不一定完全保持一致。

当然，若比竞争对手定价高，则要求产品质量、服务水平、满意度、产品形象等优于竞争对手。为了生存及获得相应利润，也可以选择低于竞争对手。因此，竞争价格定价法是一种非常有进攻性的定价方法。

其不足之处在于，容易陷入价格战恶性竞争，根据竞争状况定价，当然是维持市场份额的办法，但极有可能忽视产品的获利性。而且维持产品的低价格，势必要求保持低成本，将导致产品的更新迭代停滞，陷入价格战恶性循环，进而影响到品牌形象和品牌价值。

适合使用这种策略的行业：

（1）具有显著规模效应的行业；

（2）能够更好地利用规模优势的企业；

（3）产品缺乏差异性的行业。

5.4.3 产品差别定价法

产品差别定价法是指企业通过不断营销努力，使同种、同质产品在消费者心目中树立起不同的产品形象，进而根据自身特点，选取低于或高于竞争者的价格作为本企业产品价格。产品差别定价法是一种进攻性的定价方法。

5.4.4 投标定价法

投标定价法是指在招标竞标的情况下，企业在对其竞争对手了解的基础上定价。这种价格是企业根据对其竞争对手报价的估计确定的，所以它的报价应低于竞争对手的报价。投标定价法主要用于投标交易方式。

在国内外，许多大宗商品、原材料、成套设备和建筑工程项目的买卖和承包，以及出售小型企业等，往往采用发包人招标、承包人投标的方式来选择承包者，确定最终价格。一般来说，招标方只有一个，处于相对垄断地位，而投标方有多个，处于相互竞争地位。标的物的价格由参与投标的各个企业在相互独立的条件下确定。

在招标投标方式下，投标价格是企业能否中标的关键性因素。高价格固然能带来较高的利润，但中标机会相对减少；反之，虽然中标机会大，但其机会成本高，利润少。那么，企业应该怎样确定投标价格呢？

首先，企业根据自身的成本，确定几个备选的投标价格方案，并依据成本利润率计算出企业可能盈利的各个价格水平。其次，分析竞争对手的实力和可能报价，确定本企业各个备选方案的中标机会。竞争对手的实力包括产销量、市场占有率、信誉、声望、质量、服务水平等项目，其可能报价则在分析历史资料的基础上得出。再次，根据每个方案可能的盈利水平和中标机会，计算每个方案的期望利润。

每个方案的期望利润 = 每个方案可能的盈利水平 × 中标概率（%）

最后，根据企业的投标目的来选择投标方案。

运用这种方法，最大的困难在于估计中标概率。这涉及对竞争者投标情况的掌握。只能通过市场调查及对过去投标资料的分析大致估计。

投标定价法的步骤如下。

（1）招标：招标是由招标者发出公告，征集投标者的活动。在招标阶段，招标者要完成下列工作。

①制定招标书。招标书也称招标文书，是招标人对招标项目成交所提出的全部约束条件。包括招标项目名称、数量，质量要求与工期，开标方式与期限，合同条款与格式，等等。

②确定底标。底标是招标者自行测标的愿意成交的限额，它是评价是否中标极为重要的依据。底标一般有两种：一为明标，它是招标者事先公布的底标，供投标者报价时参考；二是暗标，它是由招标者在公证人监督下密封保存，开标时方可当众启封的底标。

（2）投标：由投标者根据招标书规定提出具有竞争性报价的标书送交招标者，标书一经递送就要承担中标后应尽的职责。在投标中，报价、中标、预期利润三者之间有一定的联系。一般来讲，报价高，利润大，但中标概率低；报价低，预期利润小，但中标概率高。所以，报价既要考虑企业的目标利润，也要结合竞争状况考虑中标概率。

（3）开标：招标者在规定时间内召集所有投标者，将报价信函当场启封，选择其中最有利的一家为中标者，并签订合同。

5.4.5 替代产品定价法

替代产品是指基本用途相同，可相互替代的产品。降低其中一种产品的价格，不仅会增加该产品的需求，而且会同时减少替代产品的需求。一个企业同时经营不同品牌、型号的产品就属于这种情况。企业可以广泛利用替代效应，以促进营销活动。

企业灵活安排其所生产和经营的替代产品的价格比例，有利于扩大销售量、推出新产品、调整产品结构。使用替代产品定价法有以下具体做法。

（1）降低一种产品的价格，不改变另一种替代产品的价格，以扩大前者的销售量，降低后者的销售量。运用这一方法的一般原因是前者往往是成本较低或者是原材料较易组织的产品，后者则可能相反。企业利用这种效应可以调整产品结构，发展节能降耗的产品。

（2）提高一种产品的价格，不改变另一种替代产品的价格，以淘汰前者，将需求转移到后者，稳定和发展后者。运用这一方法的一般原因是前者往往是需要加快淘汰的产品，后者是尚需发展和推广的产品。企业利用这种效应也可以达到在不减少收益的同时调整产品结构的目的。

（3）降低一种产品的价格，提高另一种替代产品的价格，以扩大前者的销售量，突出后者豪华、高档的特色。企业运用这一方法的一般原因是前者往往是老产品，后者是高、精、尖的新产品或龙头产品。企业利用这种效应可以在不影响收益的前提下，为新产品创造声望，带动其他产品的销售。

替代产品是一组具有相同用途的产品。例如，一个企业生产的不同型号的照相机、不同型号的汽车、不同型号的电冰箱等就属这种情况。具有替代关系的产品，降低一种产品的价格，会提高该产品的销售量，同时减少替代产品的销售量。相反，如提高一种产品的价格，会使该产品的销售量降低，同时增加其他产品的销售量。根据替代产品的特点，定价时应注意以下问题。

（1）正确处理各种产品的价格级差。企业要结合各种产品功能及质量上的差别、顾客的评价、成本的差异、竞争者的价格，决定产品的价格级差。一般情况下，级差小，有利于系列中低档产品的销售；级差大，有利于高档产品的销售。产品之间能够察觉到的差别，应能够与价格察觉到的差别相适应。实践中普遍认为，系列产品中，越高级产品的价差应越大；低档产品的价差应小些，分级应明显，使顾客在质量档次与价格之间形成稳定和相对一致的看法。

（2）注意最低价格与最高价格。对任何产品来说，购买者心目中都有一个认为可以接受的最高价格和最低价格的范围。如果产品价格在这个范围之内，顾客就会愿意购买。实践证明，产品系列中最低的价格，是最容易被顾客察觉，也是最容易被顾客记住的价格。另外，产品系列中价格最高的产品，也是十分引人注意的，高价格意味着高质量，也起着刺激需求的作用。

（3）利用替代关系，灵活制定价格策略。一方面，企业可以降低高级品或低级品的价格，以促使需求档次的转移；另一方面，可以提高一种知名产品的价格，突出它的优质、高级和名牌形象，创造出一种声望，以便利用这种产品印象，促进产品系列中其他型号产品的销售。

5.4.6　避免错误定价思维

制定产品价格时，可以把竞争对手的定价策略作为参考，但不应完全依赖于竞争对手。

（1）通过对竞争对手的定价策略进行分析，了解他们的市场定位和目标消费者群体。考虑他们的定价水平、价格弹性以及市场份额等因素，从中获取有关产品价格方面的洞察。

（2）评估自己产品在市场上相对于竞争对手的独特价值优势。如果你的产品在质量、功能、服务或品牌形象方面具有明显优势，可以考虑在这些方面向消费者提供更高的价值，并据此制定更高的价格。

（3）基于对竞争对手的定价策略和产品差异化的了解，确定自己的产品在市场中的定位。

（4）可以选择与竞争对手相比较，提供更低的价格以吸引价格敏感的消费者；或者选择以更高的价格定位，提供更高的品质、服务或独特体验。

（5）考虑竞争对手的定价和市场需求的弹性。如果市场上有很多替代品和强竞争对手，价格敏感度可能较高，此时需要更具竞争力的价格策略。如果市场上缺乏替代品或消费者对产品有高度的需求，价格弹性可能较低，则可以考虑提高产品价格。

总之，根据竞争对手制定产品价格时，需要综合考虑市场需求、产品差异化、价值优势以及竞争对手的定价策略。

案例分享

某国内家用电器品牌集团公司，孵化旗下吸尘器品牌，走中高端路线，产品技术含量不错，其目标竞争品牌为戴森。

按照海外同类产品定价，结合国内市场情况，产品线定价策略：从低到高为 2199 元、2899 元、3099 元、3599 元、4099 元。

每个价格的产品，分别对标戴森的哪个型号的产品，竞争优势是什么？实际情况是全系对标与戴森价格差不多的产品，功能更强，但实际效果并没那么好。

真正的价格制定，需要通过分析竞品的数据才能更为有效。

首先，根据市场调研，将戴森吸尘器所有价位段产品进行汇总，型号按照销售额排序，如表 5-1 所示。

表 5-1　按销售额排序的戴森吸尘器型号

型号	实际成交价 / 元
V7-F	2800
V8-F	3200
V8-A	4100
V10-A	5200

续表

型号	实际成交价 / 元
V10	4400
V7–E	2600
V10–T	5000
V6–E	2500
V6–A	3300
V11–A	5600
V10–M	3600
圆桶	4900
V7–A	3900

好像看不出什么规律，如果按照实际成交价排序，价位段分布如图 5–4 所示。

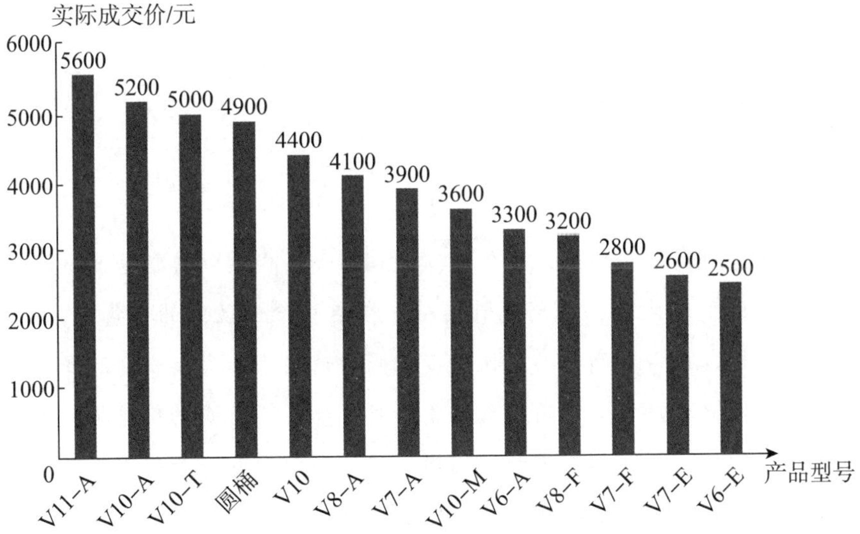

图 5–4 按实际成交价排序的戴森吸尘器型号

价位段分布比较均匀，从 2500 ~ 5600 元，一个档次差距在 100 ~ 300 元之间，所以要么把价格定到对方未覆盖的区间里，要么在同样功能属性下定得比对方更低。可是，按照这个图来看，好像在 2500 ~ 5600 元价位段之间，其他品牌都没什么机会，要么定在 2500 元价位段以下，要么定在 5600 元价位以上。

如果将价位段和销售额放一起看，就能看到机会，如图 5-5 所示。

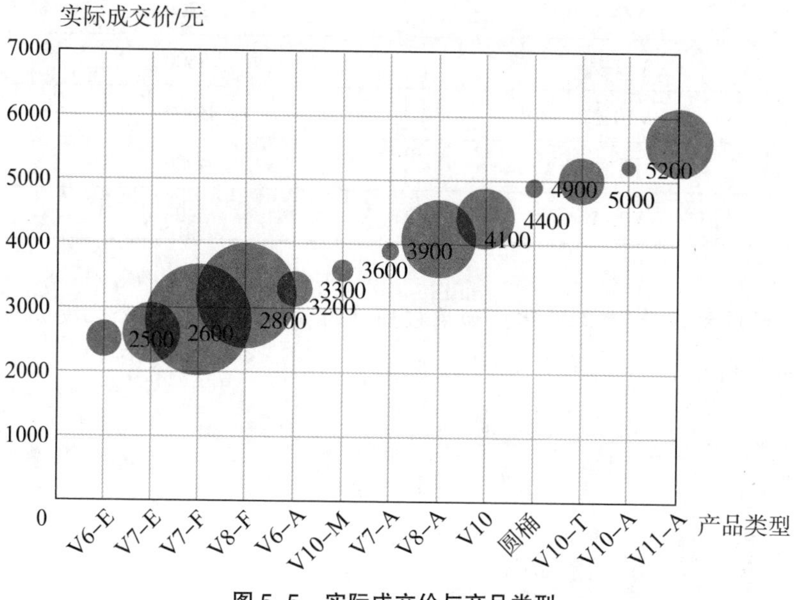

图 5-5　实际成交价与产品类型

价格是圆心，面积代表销售额，面积越大，代表销售额越高。所以从图 5-5 的处理方式，立刻能看到对手在某些价位区间的销售并不好。至少在目标客户群对两个品牌认知度相同的情况下，大概率会选择自身品牌。从目标客户群心理角度看，竞争对手那些不好卖的价格段，可能就是自身的机会，在那些机会区间内，把产品力提升一个档次，即竞争对手热销款所具备的功能和属性，就能大大增强成功率。

如果是一个新兴品牌，溢价没有那么高，怎么办？那就跨区间定价，让产品的性价比更高。

目标客户群买的是相对低价，而不是绝对低价，如果一个产品脱离了合理的产品价格区间，反而会出问题。

价格来自竞争对手，不是来自成本结构。如果比竞争对手价格竞争力强，也能侧面说明成本结构控制得比较好。

5.5　价值导向定价法

价值导向定价法，指以目标客户群的需求强度、价值感受和价格承受能力为基础的定价方法。

价值导向定价法是根据产品或服务为消费者创造的价值来制定价格。缺点是需要对消费者需求有深入了解，制定合理的价值评估标准；可能存在价格高于市场价格的风险。优点是能够充分体现产品的价值，提高消费者满意度；有利于塑造品牌形象。具体定价方法包括需求差别定价法、逆向定价法、价值定价法、认知定价法。

5.5.1　需求差别定价法

需求差别定价法是指在给产品定价时，根据不同目标客户群对产品的需求强度不同、不同产品价格、不同成本比例、不同购买地点（如酒店与便利店、景区与市区）和不同购买时间（如不同季节）等因素，制定不同的产品价格。

需求差别定价适用的前提条件如下。

首先，市场可细分，且每个细分市场之间的需求存在一定差异，定价必须适应细分市场的需求，目标客户群不至于对价格不同而反感。

其次，细分市场的边界清晰，产品能相对独立，通常采取严格的供货控制，或基于产品特性而无法转卖，如服务占比高的产品和纯服务产品更适合差别定价。

再次，各细分市场的价格弹性不同，弹性大的定低价，弹性小的定高价，如此总销售收入实现最大化。

最后，不会因差别定价导致在细分市场上的成本增加。

5.5.2 逆向定价法

逆向定价法是指将定价权交给目标客户群，通过目标客户群可接受的产品价格，计算成本和利润后，再计算产品流通过程可能涉及的批发价和零售价。

出厂价 = 产品零售价 ×（1– 批零差率）×（1– 进销差率）

进销差率 =（销售价格 – 进货价格）/ 销售价格

批零差率 =（零售价 – 批发价）/ 批发价

假如目标客户群可接受的产品价格为 150 元。已知成本加利润的出厂价是 120 元，即中间的渠道费用是 30 元，假如零售，那么相当于进货价格是 120 元，销售价是 150 元，进销差率为 20%。

采用逆向定价法的关键是正确评估市场可接受产品价格水平（零售价格），其标准主要为产品的市场供求情况及其变动趋势、产品的需求函数和需求价格弹性、目标客户群愿意接受的价格水平，以及与同类产品的比价关系。

5.5.3 价值定价法

价值定价法是指尽量让产品的价格反映产品的客观价值，以合理的定价提供合适的质量和良好的服务组合，这种方法的根本在于“公平的价格”与“合适，或者更高的价值”。

目标客户群价值、认知价值和感知价值有什么区别呢？

目标客户群价值就是指总价值，指目标客户群从给定产品中所期望得到的所有利益；与其对应的概念是总成本，指目标客户群购买决策和使用过程中所发生的全部耗费，包括货币。

认知价值是总价值与总成本的货币差值，是从企业视角来定位的，是在目标客户群可能的选择中得到什么和付出什么的比较上的，且认知价值必须在客观价值的基础上，客观价值指的是事物本身的价值属性，是独立于个人和社会的存在。

感知价值指目标客户群能感知到的利益与其所感知的成本进行权衡之后对产品或效用的总体评价，是目标客户群对产品所具有的价值的主观认知，区别于客观价值。目标客户群感知价值相对偏主观，是从目标客户群的感知出发的，是目标客户群对企业提供的产品或服务的价值的一种自我判断。

目标客户群要付出的成本等同于为产品付出的价格，认知价值可被认为是产品价值减去产品价格的溢价部分，感知价值是目标客户群对产品价值的主观判断评价，如大小、值还是不值。

目标客户群对产品的价值感受决定产品价格上限，如果目标客户群感觉价值小于产品价格，那就不会购买，竞争只是产品成本决定的最低价和感知价值决定的最高价之间的一个影响因素。所以，最优的定价策略是根据向目标客户群提供的价值和目标客户群的感知价值来制定价格。价值定价法的目标是让定价尽量缩小这一差距，而不是通过定价之外的营销手段让这种差距有利于品牌。价值定价法旨在追求产品能提供多少目标客户群价值，就定什么价格。

价值定价法的本质是在同等的价格上给目标客户群更高的品质，以品质取胜，而不是以价格取胜，在同等价格上给目标客户群更高的价值，即比竞争对手更善于挖掘目标客户群价值、创新价值。

所谓挖掘目标客户群价值、创新价值，不是一味地进行价值堆叠，而是挖掘和创新目标客户群看重的价值。

首先，在产品开发时，弄清楚潜在的目标客户群群体对该产品的出价范围是多少。其次，明确目标客户群看重且可以用来参考并区分产品的因素有哪些。可以构建创新产品价值表，如表 5–2 所示。

表 5–2　产品价值表

序号	价值项	权重	打分	得分	备注
1	性能				
2	质量				

续表

序号	价值项	权重	打分	得分	备注
3	服务				
4	品牌				
5	价格				
6	外形美观				
7	……				
	合计	100			

先确定各个价值项及其权重，能让消费者知道该价值项的重要性以及有多少目标客户群会因为此项价值而购买这个产品；再将靠前的答案给一群潜在顾客看，并问他们会将这些价值跟哪些产品联系在一起，不同的目标客户群有不同预算，这可以通过他们愿意为产品支付多少货币成本上反映出来。

5.5.4 认知定价法

目标客户群认知定价法，是根据目标客户群对产品的认知价值度定价的一种方法。

相比于价值定价法，认知定价法属于溢价定价法，就是按照目标客户群对产品的理解、感受的价值来定价，企业会运用各种营销策略和手段来影响目标客户群对产品价值的认知，形成对产品和品牌有利的价值观念，然后再据此来进行定价。

运用认知定价法一般要经过以下几个步骤：

（1）判断目标客户群的感受价值，准确把握目标客户群对产品价值的感知是定价的关键和要点；

（2）对目标客户群价值进行定位并概念化；

（3）将目标客户群的感受价值进行量化；

（4）进行有效促销，将目标客户群的感知价值传达给目标市场；

（5）制定出产品市场价格。

认知定价法的关键有两点：一是如何准确测定目标客户群感受价值的程度，二是如何利用营销策略去影响目标客户群的感受价值。

一个产品价值的大小取决于目标客户群的主观心理，其实就是比较。认知定价法需要将产品与市场同类产品让目标客户群来评比，有以下 3 种方法。

1. 直接价格评比法

直接价格评比法是指让目标客户群对每一种产品进行价格估测，估测的价格反映了目标客户群购买不同产品的总价值，品牌方就可以根据目标客户群的估测价格进行产品定价。

一般来说，在估测的价格排序中，中位数表示目标客户群对这类产品的接受价格，最大数表示目标客户群认为某种产品在这类产品中总价值最高，最小数表示目标客户群认为某种产品在这类产品中总价值最低。因此，在给产品定价时，既要考虑目标客户群对产品估测的价格排序，又要考虑目标客户群对这类产品的价格接受度。

2. 直接认知价值评比法

目标客户群不估测产品的价格，而是将 100 个点分配给市场同类产品，从而反映每个产品的认知价值，并据此进行产品定价。点数最高的产品，意味着可以将价格定得高过这类产品的市场平均价格，而点数最低的产品，意味着只能将价格定得低于市场平均价格。

3. 诊断法

诊断法的具体方法如下。

首先，请目标客户群将 100 个点分配给每个产品特征，用来反映每个特征对目标客户群的重要性，标记重要性权重。

其次，根据每个产品特征，请目标客户群依次将 100 个点分配给市场同类但不同品牌的产品，来反映目标客户群对不同品牌产品特征的评价，标记为产品特征值。

最后，将重要性权数与相应的产品特征值相乘再求和，即得到目标客户群对不同品牌产品的认知价值判断。分值最高的意味着产品的认知价值较高，价格可以高过市场平均价格，反之就应该低于市场平均价格。

认知定价法的核心思想是，产品的性能、质量、服务、品牌和价格等在目标客户群心目中都有一定的认知和评价，目标客户群往往根据其对产品的认识、感受或理解的价值水平，综合购物经验、市场行情和对同类产品的了解而对价格作出评判。当价格与目标客户群对产品价值的理解水平大体一致时，目标客户群就会接受这种价格。

因此，品牌必须实现其承诺的价值，不但要通过营销手段使目标客户群感知这一价值，同时还要求确保目标客户群能够正确评估产品的价值。做不到承诺的价值，目标客户群不会再次购买；做不好宣传，客户感知不到产品承诺的价值，因此品牌方需要充分了解目标客户群的评估背景和决策过程。

认知价值 = 功能价值 + 心理价值（情感价值 + 意义价值）

可以用领带来加深理解，领带的功能价值就是装饰作用，其心理价值就是社会身份、自我认知、情绪情感、积极联想等。普通的一条领带可能就十几元，功能价值就是装饰作用；但当突出材质、用料、人工、设计等，强调体验、情绪价值时，相比普通领带就已经提供了一层心理价值，这个时候领带就可以卖到上百元；当进一步将领带与成功人士、商务精英、潮流时尚，甚至与爱情、婚姻、家庭挂钩，可认为它提供了全部的心理价值，即产品提供了精神价值，那么可以卖得更贵。

实际上，消费升级的大量品牌，除了会从不同功能角度升级创新，更重要的是学会了讲故事，赋予产品更高的价值内涵。因而能为价值定价而不是成本定价，定价也比同质化的老产品更高，利润也比老产品更大。

因此，如何提升目标客户群的认知价值呢？可以从产品价值构成的方面来提升。

功能价值可从产品功能或形象上改变升级，比如重新定义产品，增加新功能，增加产品附加值，改变产品的形式。

心理价值上融入文化、社交、艺术等内涵，制造稀缺、身份象征、使用者形象、人格化特质。

第 6 章 产品定价策略

价格是产品重要的组成部分，是产品转变成可流通商品的必备条件，同时价格也是拉近或疏远消费者的重要手段。

对于企业而言，价格在企业塑造自身魅力、打造品牌、吸引消费者、获取利润、形成产业优势、树立行业地位等方面起着至关重要的作用。

6.1 产品定价策略模型

产品定价与用户的多少和产品档次息息相关，可以用一个矩阵模型来描述，如图 6–1 所示。

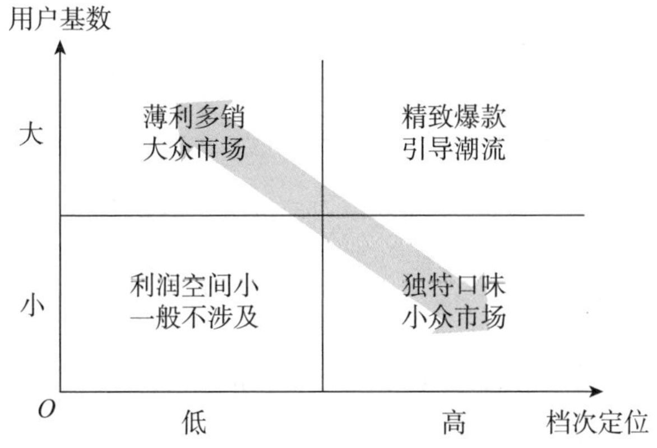

图 6–1 产品定价策略模型

6.1.1 产品定价策略模型概述

由图 6–1 可知，产品定价策略模型的纵轴为用户基数，从下往上逐渐增大。

横轴为产品档次定位，从左往右产品的定位档次越来越高。

第一区域属于用户基数大且产品档次较高。新产品追求精致爆款，引导潮流。产品价格定位比较适合中上等，可结合市场竞争激烈程度采取撇脂定价或差异化定价策略。如果新产品定价较高，适合辅助大量营销和设计工作，打造知名品牌。

第二区域属于用户基数大和产品档次低。营销策略适宜定位为大众市场，新产品价格定位为低价或超低价，定价策略适合采取渗透策略或差异化策略。

第三区域属于用户基数小和产品档次低，本区域一般是利润空间小，尽量不涉及。

第四区域属于用户基数小和产品档次高，新产品适合采取有特色的、独特品位的精品或奢侈品策略。这样的市场一般因为产品独特竞争不激烈，所以新产品定价建议定高价和超高价。

6.1.2 产品价格战略选择模型

产品定价除了与用户多少和产品档次息息相关外，还与市场的竞争激烈程度正相关，可以构建用户基数与竞争程度的区域矩阵模型来描述，如图 6-2 所示。

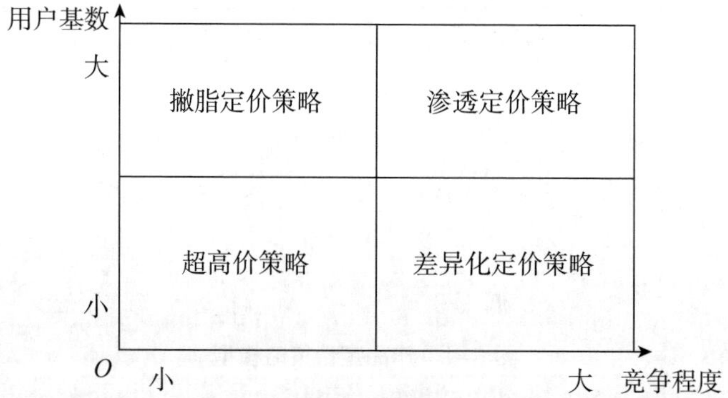

图 6-2 产品价格战略选择模型

1. 渗透定价策略

第一区域用户基数大且竞争激烈，新产品适宜采取渗透定价策略，即新产品快速抢占市场。

渗透定价策略的目标是产品能快速占领市场，在定价上价格偏低，以求薄利多销。适合特点不突出、价格敏感度高的产品，比如低价星级饭店。

如果市场中已经有了主要竞争者，且还在高速发展中，有时企业为了追求市场份额会以最低价进入市场。但是需要满足以下前提条件：

（1）市场对价格高度敏感，低价可以促使市场增长；

（2）随着生产经验的积累，可使生产成本和分销成本降低；

（3）低价可以减少实际和潜在的竞争。

比如某手机厂商因为成本重构，加上降低利润，制定了低价的高性价比切入市场，快速获取市场份额。再如有的自助火锅店，定价 39 元任意吃，也是通过低价去重构整个价值链和成本，通过采取低成本策略，让别人无法竞争。

渗透定价策略是在产品刚上市时采用接近材料成本的价格，靠极致性价比尽可能吸引消费者注意和购买的定价方式。短期来看，企业会牺牲毛利来获得高销量和高市场占有率，承担战略性亏损；一旦产品获得一定的市场占有率，通过销量不断提升，规模效应就会凸显，供应链成本不断优化，支撑产品成本和销售价格不断降低。采用该种定价方式的会更容易出现在较成熟的行业，渗透定价策略的极致就是免费。

（1）渗透定价策略的目的：企业期望快速获取市场份额，提升产品销售量，吸引消费者眼球。

（2）适合对象：新品牌，产品无明显竞争力；该行业市场份额相对稳定、竞争激烈。

（3）缺点：品牌后期推出的产品不容易提高价格，目标客户群对品牌低价的认知固化，不利于建立品牌高端形象；而且渗透定价策略是一种低价策略，旨在迅速占领市场，通过低价吸引大量消费者，可能导致价格战，降低行业整体利润。

（4）优点：能够迅速打开市场，提高品牌知名度；通过规模经济降低成本，实现盈利。

2. 撇脂定价策略

第二区域用户基数大但竞争不激烈，新产品适宜采取撇脂定价策略，即快速收回成本。

撇脂定价策略是制定较高的价格以求快速收回成本并盈利，目标是消费水平较高的群体，适合高端旅游产品，比如定制化服务。

3. 超高价策略

第三区域用户基数小且竞争不激烈，新产品适宜采取超高价策略，又称“高举高打”定价。

与渗透定价策略刚好相反，“高举高打”定价走的是高价路线。产品刚上市时采用高昂的价格，在市场竞争者反应过来，推出模仿产品之前，尽快获取利润。

一般全新形态、全新功能、有专利技术保护、独家销售的产品常采取这种定价方式，但是这种定价方式不适合大众消费品行业。

（1）“高举高打”定价的目的：企业希望凭借着产品的独特性、唯一性，在短期内获取厚利。

（2）适合对象：有大量专利保护的产品，需求弹性较小的细分市场。

（3）缺点分析：产品高价意味着有较高的利润，容易招来更多资本进入该品类，并以较低的价格推出类似的产品。

4. 差异化定价策略

第四区域用户基数小且竞争激烈，新产品适宜采取差异化定价策略。

以上产品定价策略无所谓好坏，企业根据自身的战略发展目标，可以只选择其中某一种方法，也可以在不同阶段选用不同的定价方法。

6.2 撇脂定价策略

撇脂定价策略，即企业把新产品推向市场时，利用一部分消费者的求新心理，定一个高价，在竞争者研制出相似的产品以前，尽快收回投资，取得相当大的利润。然后随着时间的推移，再逐步降低价格使产品进入弹性大的市场。

6.2.1　撇脂定价策略——先贵后便宜

撇脂定价策略是指在产品生命周期的最早期，制定一个高价榨取利润，就像从牛奶中撇取奶油一样。比如掌握核心技术的新技术公司就经常这样，让市场获利最大化，或者处于市场初级阶段的新品上市，也常采取这种策略。

采取撇脂定价策略的前提条件是：

（1）有足够的购买者，并且当前需求很大；

（2）小批量生产的单位成本不会高到无法从交易中获得好处；

（3）很高的初始价格不会吸引较多的竞争者与你正面竞争，产品的竞争壁垒高，一般有核心技术作护城河。

6.2.2　撇脂定价策略的适用场景

（1）市场上存在一批购买力很强并且对价格不敏感的消费者。

（2）产品具有明显的差别化优势，很少有其他商品可以替代。

（3）当有竞争对手加入时，本企业有能力转换定价方法，通过提高性价比来提高竞争力。

（4）本企业的品牌在市场上有高档产品的印象，能够支撑产品的高价格。

（5）生产较少数量产品的成本不能高到抵消设定高价格所取得的好处。

在上述条件具备的情况下，企业就可以采取撇脂定价策略。

撇脂定价策略，通常在产品生命周期的最初阶段，即新产品的上市引入期，将产品的价格定得高，以在短期内赚取高额利润，如图 6-3 所示。

利用一部分目标客户群（少数创新者、早期采用者）的求新心理，先获取一部分高额利润，然后再随着产品和品牌影响力在不同时间节点调整价格。

具体可以采取快速撇取策略（高价高强度促销）、缓慢撇取策略（高价低强度促销），两者仅在促销强度方面有所区别。

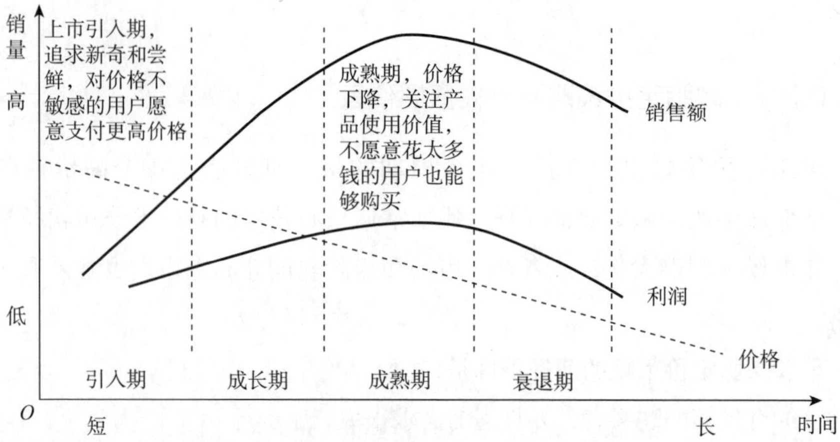

图 6-3　撇脂定价策略的应用阶段

6.2.3　撇脂定价策略的优缺点

1. 优点

（1）可以实现短期利润最大化，使企业能够在新产品上市之初，能迅速收回投资。

（2）可以用高价来控制市场的成长速度，使当时的生产能力足以应对需求，减缓供求矛盾，并且可以利用高价获取的高额利润进行投资，逐步扩大生产规模，使之与需求状况相适应。

（3）拥有较大的调价空间，在新产品进入成熟期后可以拥有较大的调价余地，可以通过逐步降价保持企业的竞争力。

（4）容易形成高价、优质的品牌形象。

2. 缺点

（1）高价产品的需求规模有限，过高的价格会牺牲一定的销量。

（2）仿制品、替代品易大量出现，从而迫使价格急剧下降。

（3）价格可能高于价值，在某种程度上损害了消费者利益。

（4）难以界定价格究竟定多高为好。

这种定价法一般高技术行业运用得比较多，高科技产品通常酷炫新奇，因此目标客户群普遍愿意支付高价，尤其是对于头部品牌，往往有技术先发优势，其他人跟进需要时间，有撇脂的时间窗口。除技术外，拥有品牌优势、创新和创意优势的品牌，也可以采用此策略。

案例分享

2007 年第 1 代某时尚手机发布，8G 版本定价 599 美元。这在当时是非常高的价格。价格是技术水平与质量的保证，也是身份地位的体现。

当时这个定价也许是个失误，也有可能是因为当时产能很低需要控制销售量。3 个月后大幅降价到 399 美元，引起销售量暴增，次年又降到 199 美元，第 3 年降到 99 美元。

当然，最早用 599 美元购买该时尚手机的客户会很愤怒，该手机公司补偿了他们价值 100 美元的礼品卡。

17 年来，该手机公司一直在使用这套称为“版本化”的撇脂策略。其前提条件是每一个新版本相较上一个版本都有明显的性能及体验优势。

面向企业的产品不适合大幅调价。特别是服务型产品每年付费，应该有较为稳定的价格。首批几十个客户，可以给定一个较深的折扣范围，例如 5～8 折。然后根据客户对价格的接受程度、客户使用效果（活跃度、产品使用深度）为下一阶段的客户制定折扣范围。

6.3 渗透定价策略

渗透定价策略是以低价进入市场，在价格和销量之间，尽量做到量的极致。它是以一个较低的产品价格打入市场，目的是在短期内牺牲高毛利以期获得较高的销售量及市场占有率，进而产生显著的规模经济效益。

一般情况下，尽量不用渗透定价策略，因为可能形成锚定效应，造成以后价格上涨困难。

渗透定价策略的缺点在于，一方面难以树立优质产品的形象，另一方面影响资本的回报率。但也有几个显著优点：首先，产品能迅速占领市场，并借助大批量销售来降低成本，获得长期稳定的市场地位；其次，微利阻止了竞争者进入；最后，低价策略也有利于促进消费需求，扩大市场规模。

6.3.1 低价策略

低价策略，指在新产品上市之初，将产品价格定得相对较低，以吸引目标客户群，取得较高的市场份额。

例如某手机一经面世，就给广大目标客户群树立了“高性能，低价格”的品牌印象，旗舰机型只卖 1999 元，其他型号更是降到了 1699 元、1499 元。一方面，该厂商通过自己浓厚的社区基因给自己的目标客户群打上了“手机发烧友”的标签，在此前提下，又有如此竞争力的价格护航，所以迅速占领了市场。而后凭借越发成熟的产研供体系，手机生产与分销的单位成本逐渐下降，可谓是渗透定价策略的完美实施。

1. 适用条件

（1）潜在市场较大，需求弹性大，对价格敏感，低价能够刺激需求增加销售。

（2）边际成本低，生产成本和经营费用能够随着销量增加而下降。

（3）低价策略非常适用于“体验型商品”，很容易给客户带来较好的使用体验。

2. 优点

（1）低价能尽快为市场所接受，打开销路，提高市场份额；借助大量的销售来降低成本，获得长期稳定的市场地位。

（2）低价策略能阻止竞争对手的进入，增加市场竞争力。

3. 缺点

利润微薄，投资回收期长，价格变动空间小，难以应对需求的较大改变和短期突发的竞争，非常考验经营能力。

低价策略在不同的文化环境下，可以采用先低价再逐步抬高的方法。例如，1989 年丰田汽车在美国推出了雷克萨斯 LS400，售价 3.5 万美元，卖出 1.6 万辆。随着第一批买家的口口相传，第 2 年增加到 6.3 万辆。由于拥有高性价比，之后 6 年里，LS400 的价格从 3.5 万美元逐步涨到 5.2 万美元，增长近50%。

6.3.2　免费策略

渗透定价策略的极致就是免费。例如某软件公司开始做安全软件的时候，直接让杀毒软件免费使用，把原来很难撼动的其他3家软件公司推倒了，带动了杀毒行业的免费趋势，将自身的安全软件布满电脑终端。该公司敢于免费，是因为他们有二段收费，不需要目标客户群付钱。

适用场景：

（1）有足够的资本支撑；

（2）产品的目标客户群量足够大，消费频次较高；

（3）消费者对价格敏感，而不是对品牌敏感；

（4）随着产品量的增大，产品成本能有较明显下降，总成本有明显边际效应；

（5）创新产品组合，免费产品可为其他产品带来收益。

同时，以上几点也符合很多红海市场的特征。一般红海市场规模足够大，激烈的竞争把价格都压得很低，具备低价核心竞争力的企业才能够在市场中很好地生存；红海市场的消费者对价格敏感，低价能够获得消费者的青睐；红海市场的产品一般都具备规模效应，通过量的扩张能够不断降低成本。

6.4　歧视定价策略

歧视定价策略是指在向不同的消费者提供相同等级、相同质量的商品或服务时，实行不同的销售价格或收费标准。

传统的歧视定价策略多利用信息不对称，是相对短视、不可持续的。而当下歧视定价策略多是通过付出多少产生多方消费者都能接受的价格差异。

6.4.1　打车券、外卖券的歧视定价策略

前几年“打车大战”时各种各样的优惠券就是一种歧视定价法，其奥妙

在于每个目标客户群的“重要程度”和“付出成本”不同。

1. 优惠券金额不同

一般优惠券金额是不固定的，有人可能“幸运”地抢到几元，也有可能“倒霉”地只得到几毛钱，这真的只跟运气有关吗？不尽然。资金池毕竟是有上限的，怎么合理地分配就成为了一个课题，当时就是把目标客户群分成了“老目标客户群”“沉睡目标客户群”“单产品活跃目标客户群”“新目标客户群”等，对于忠实的老目标客户群，优惠券的多少并不会影响这部分人的决策，所以他们抢券时总是“倒霉”；反之，对于一位平台的新目标客户，他往往就是“幸运”的。这就是依据“重要程度”。

2. 优惠券分享

打完车或者点完外卖，如果分享到朋友圈，可能会收到平台的优惠券奖励。待下一次消费时，就比没有券的人多享受到一些优惠，这其实就是因为两者的“付出成本”不同。

6.4.2 各种票的歧视定价策略

儿童票、学生票、成人票、老年票、会员票等也体现各种价格歧视。我们经常能看到，身高 1 米 2 以下的儿童免票，持学生证半价，坐公交老人半价，各种线上线下商店有会员价。实际上是利用“目标客户分类”进行的价格歧视。

什么情况下，能运用歧视定价策略达到买卖方双赢？

（1）以有限的资源，留住重要的人。

消费者对产品依赖程度不同，即不同消费者对公司重要程度不同时，可针对不同消费者进行“重要程度”上的价格歧视。

（2）多劳者多得，多付出者多享受优惠。

希望享受低价的消费者，愿意付出金钱以外的成本时，如时间成本、人脉等，可以通过“付出成本”不同进行价格歧视。

（3）优先权是值钱的，这是人们固有的共识。

产品的新鲜程度具有价值时，可以通过“先后顺序”来进行价格歧视。

（4）收入多的多出，弱势群体少出。

产品服务的对象有明显的特征分类时，通过“阶层分级”进行价格歧视，这里的分级不是人主观定义的，而是社会共识，如老人、学生、会员。

（5）给价格敏感者一个优惠的机会以留住这部分人。

当产品想要留住价格敏感者时，可以释放机会出来，形成一个低价。如每天推出一款打折产品，其实就是展开了一场通过“机会竞争”的价格歧视。

价格歧视既可以是对不同买家索取不同价格，也可以对同一个买家的不同购买数量收取不同价格。

“歧视”在这里并没有贬义，本质上，它迎合了商业的最终目标——利润的最大化。比如一件产品，成本是 100 元，理论上卖 101 元也是赚钱的，然而企业会这么定价吗？企业会做的是根据不同买家的心理价位来定价，如果一个人心理估值是 200 元，那就卖给他 200 元；如果一个人心理估值是 150 元，那就按 150 元卖给他。

依据支付意愿来定价的典型是拍卖行，卖家用竞价的方式来找到愿意为产品支付最高价格的买家。比如，波音公司出售飞机，从来没有一个固定的价格，飞机的价格要通过几轮谈判来决定，这是因为波音公司要从几轮谈判中，试探出客户的心理估值，争取拿到最高的客单价。

也有根据产品生命周期歧视定价的，这种定价方式常见于高科技产品，如苹果手机，每次新机发售定价都很高，然后随着竞争对手的跟进再慢慢降价，这是因为尝鲜的买家的心理价位往往都比较高，给了苹果公司一个撇脂的窗口期。

更有依靠诸如区域、购买量、人群等条件歧视定价的，线下实体的企业对这种定价方式称得上信手拈来，如 1935 年的美国电影院依据的是年龄和身份，如表 6–1 所示。

表 6–1　1935 年美国某影院价格表　　单位：美元

	日场（下午 2—5 时）	夜场（下午 5 时以后）
儿童（12 岁以下）	1	1.5
成人	2.5	2.5
地位高的市民	1.5	2

企业要想采取歧视定价策略，一般要具备 2 个先决条件：

（1）企业有能力了解每个买家购买意愿和能力，从而针对每个人单独定价；

（2）买家之间彼此是区隔的，他们在购买前无从得知或很难得知标准定价。

现在很多企业可根据大数据，将定价策略持续细分，直到每个目标客户群都有一套针对自己的价格体系。在极限情况下，定价会变成一级价格歧视（完全价格歧视），所有的目标客户群的剩余都将归企业所有，如图 6–4 所示。

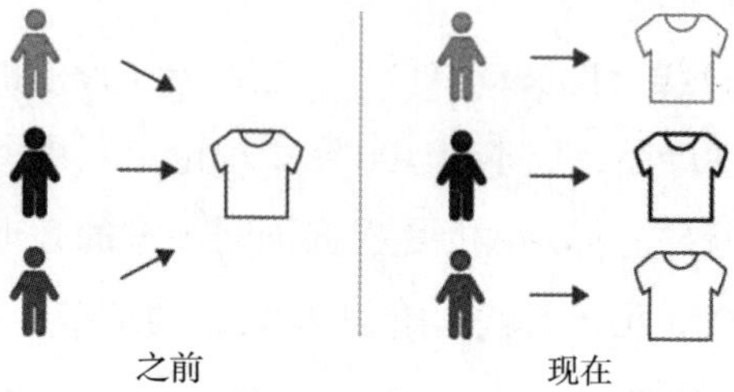

图 6–4　市场细分趋势

同时，利用目标客户群数据提供个性化服务，是无法逆转的大趋势。

6.4.3　梯次涨价

例如某产品每销售 1000 份，价格上涨 20 元，也是歧视定价策略。这能让消费者产生急迫感，加速成交决策时间。

有钱人并不会等到这个时候和别人抢着下单，所以会付出更高的价格。但价格歧视并非不好，有了价格歧视才能够让经济条件没那么好的人享受到好产品。

类似的还有很多，比如在电商平台的下单页面，会出现一个倒计时，看着时间一分一秒地流失，即将享受不到优惠，你的内心一定会有波澜；有的商品界面还会显示“仅剩 ×× 份”，即便是一个假数据，也会起到效果。

6.5　阶梯定价策略

阶梯定价，又称分级价格或阶段价格，通过预先规定某一产品的各个生产阶段并相应改变价格来提高产品的应变能力。

根据供需曲线，供给方能拿到的收入是矩形面积，公式如下：

销售收入 = 平衡数量 $Q_0 \times$ 平衡价格 P_0

如图 6–5 所示。

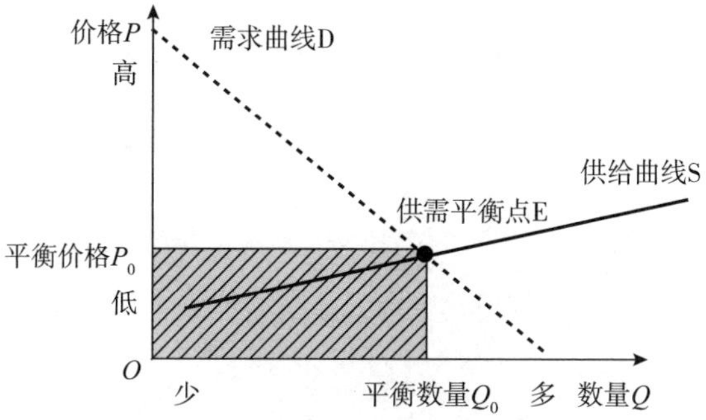

图 6–5　供需曲线

介绍一个面向消费者领域的经典案例，就是麦当劳的折扣券。麦当劳某门店的某汉堡，原价每个 20 元，一天能卖 500 个。如果打 8 折，可以卖 800 个，收入可以从 10000 元增加到 12800（800 × 20 × 80% =12800）元，增幅为 28%。

还有没有更好的办法？如果多卖的这 300 个打折，原来的这 500 个不打折呢？收入则纯增加 4800（300 × 20 × 80% =4800）元，增幅为 48%。

如何做到？——定向打折券。不在乎折扣、赶时间的人还是原价买；那些有时间的学生、老人愿意花时间拼凑最佳价格组合，买到便宜的汉堡。如图 6–6 所示。

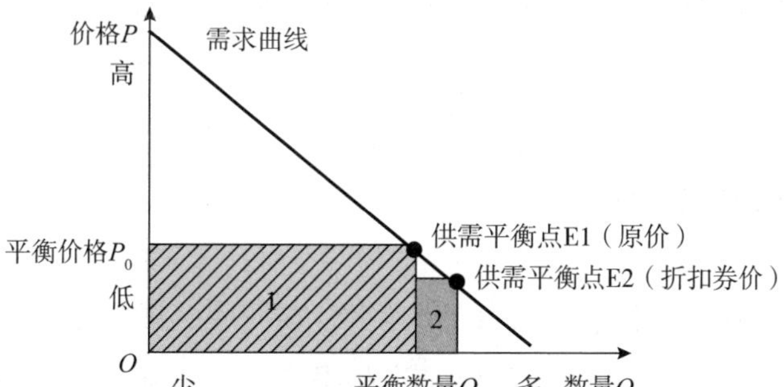

图 6–6　需求曲线

以前的营收是区域1，现在多了整个区域2。企业采购比个人要理性得多，面向企业的产品定价显然不能照抄麦当劳的做法。但可以用2~4个不同功能组合，对应满足不同类型客户的需求，同样达到分级的目的，如图6–7所示。

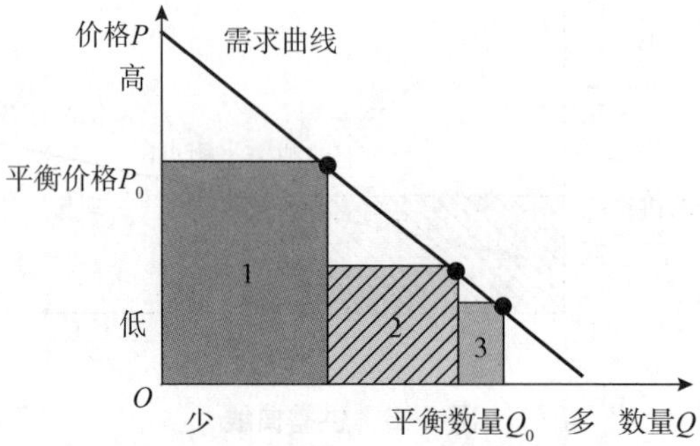

图6–7 不同功能组合的需求曲线

阶梯定价策略的实质是越多越便宜，每增加一定的购买量，价格就降低一个档次，目的就是让消费者多买。

阶梯定价策略的使用要求：

（1）阶梯价格之间不要等分，要有差距；

（2）阶梯的上限要有吸引力，即目标客户群可达成；

（3）成本要扛得住，单量增加，成本可控。

日常生活中，用水、用电、用气一般都会采用阶梯价。阶梯价在不同的场景和产品中，产生的消费效果是完全不同的。比如用电，用得越多价格越高，所以很多人会克制自己消费使用。但在购买一些食品水果的时候，买得越多，价格越便宜。

6.6 组合定价策略

组合定价策略是通过将不同的产品组合在一起，集合定价，以获得最大利润的定价方式。产品或服务是整个产品组合的一部分，就需要为该产品制定一个组合价格，使得整个产品组合利润最大化。

6.6.1　备选产品定价

主产品加选择性产品，备选产品价格可以定得高。比如汽车，电子开窗、导航，甚至中控大屏等都可以选配。

6.6.2　附属产品定价

主产品的使用需要伴随一些其他产品，这类产品称为附属产品。比如手机，软件是软件，硬件是硬件，需要各种应用程序才能使用，那软件就可以收费。只不过手机厂商将软件交给开发者，开发者为软件制定一个价格，手机厂商收取一部分的费用。

6.6.3　副产品定价

如石化，在提炼石油时，经常会产生生产塑料的原材料，这些材料便可以定价。

6.6.4　产品捆绑定价

产品捆绑定价是指将多种产品组合在一起进行销售的定价模式。例如快餐行业的套餐、健身房的年卡、加油满 200 元免费洗车等，几乎所有的零售行业都会如此。捆绑价格是指客户购买一个商品的过剩意愿被转移至另一个商品上，如表 6–2 所示。

表 6–2　价格捆绑关系　　单位：元

	价格	利润	客户心目中的价值	“价值—价格”差
商品 A	100	30	150	50
商品 B	80	10	50	–30
AB 捆绑	180	40	200	20

客户是否购买取决于他心目中该产品的价值是否大于价格。商品 A 的“价值—价格”差是正数，所以客户会买商品 A，但不会采购该项为负数的商

品 B。如果企业把 AB 商品捆绑销售，B 产品虽然“价值—价格”差是负数，但毕竟还是有价值的。如果 AB 捆绑还有多余价值，客户还是会购买 AB 捆绑产品。

产品捆绑定价的好处是可以降低单个产品的价格敏感度，目标客户群很难计算出产品的实际成本；既可以囊括众多收益，又为产品平添几分竞争力，因为产品捆绑定价往往让目标客户群觉得物有所值。

假设你是一家餐厅的经理，如果 A 顾客愿意为汉堡付出 10 美元，为薯条付出 5 美元；B 顾客更偏爱薯条，所以愿意为薯条付出 10 美元，而为汉堡只愿意付出 5 美元。有什么样的办法可以同时抓住两位顾客，并实现盈利最大化？

答案是汉堡 10 美元、薯条 10 美元、“薯条 + 汉堡”套餐价 15 美元。不仅同时留住了两类顾客，也实现了利润最大化。

6.6.5 分步式定价

定价包括基础固定收费和之后按使用量收费的组合。在购买商品时需要支付两项费用，包括一项不随使用而变化的固定费用和一项随消费而变化的费用。

两部分定价也是一种典型的价格歧视，想要市场上逻辑可行，条件是必须控制产品或服务的准入，如不支付门票连景区都进不去。

在实践中，除了景区门票这种靠垄断地位的情况，一般有两种做法：一种是选择只向付费意愿最高的目标客户群销售产品，并将价格门槛费用设定在该群体的消费者剩余水平上，有效地将其他消费者排除在市场之外，像五星级酒店自助餐门槛费用较高，但菜品酒水均不额外收费；另一种是将门槛费用设定在最低支付意愿的顾客群体的消费者剩余水平上，因此将所有的消费群体都留在市场上，然后将价格设定在边际成本之上，就像平价自助餐门槛费用较低，但一些特别的菜品和酒水需要另行收费，这样会更有利可图。

某公司的主产品营收以每年 10 倍的速度增长，为了完成新一年的销售目标，规划了 7 个新模块，客户可以单独购买。

上线后，有 3 个新模块很抢眼，销售也取得了突破。这时候出现了尴尬的问题，研发资源已经转回主产品，新模块的产品体验只有 70 分，要达到 90 分还遥遥无期。

这时销售代表犯了一个错误，即销售代表决定将新模块作为赠品附送给客户，目的是增加产品整体价值。

其实不然，客户在赠送的模块上如果遇到使用困难，仍然会找客户经理或销售代表解决，为这批客户在一个 70 分的小模块耗费的服务精力比主产品还多。随后，销售代表也不愿意送了，因为客户反馈的问题迟迟不能解决，反而影响了客户体验。

面向企业的产品组合其实越简单越好，赠品多没有意义。产品包括的功能越少，产品价值反而越容易传递到位。

6.6.6　产品分级定价

产品分级定价是指在制定价格时，把同类产品分成几个等级，不同等级的产品，其价格有所不同。从而使顾客感到产品的货真价实、按质论价，同时也满足不同需求层次的客户群。

例如，服装厂可以把自己的产品按大、中、小号分级定价，也可以按大众型、折中型、时髦型划分定价，每个档次对应一个价格，这样从价格上既反映了质量的差别，又为消费者进行产品比较提供了便利。服务业一般把服务产品分为 5 级，价格分布类似于正态分布，即 40% 的平均价格、20% 的中高价格、20% 的中低价格、10% 的最高价和 10% 的最低价。这种明显的等级，便于满足不同的消费需要，还能简化企业的计划、订货、会计、库存、推销等工作，关键是分级要符合目标市场的需要，级差不能过大或过小，否则都起不到应有的效果。

消费者喜欢“折中”，会认为选择中间价格是一种比较安全的做法，至少它质量不是最差的，价格也不是最贵的。比如某品牌同系列的 3 款内衣价格分别为 99 元、199 元、249 元，销量最高的是 199 元那款。可以说，99 元和 249 元两种内衣更像是“锚点”，帮助消费者痛快地作出购买 199 元内衣的决定。

产品分基础版、标准版、旗舰版就是如此设计的，如图 6–8 所示。

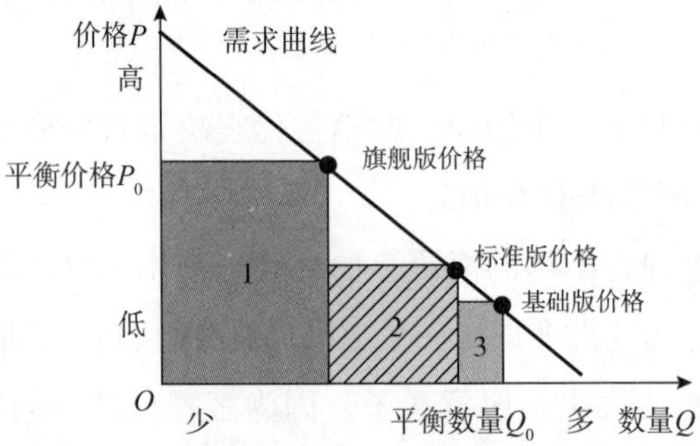

图 6–8 产品分级定价

产品分级定价的原则：

（1）价格版本与客户应用场景（组合）相关，与厂商从开发者视角的功能分组无关；

（2）入门版本应该越简单越好，可以设计一个容易上手的基础版，以此缩短销售周期，降低客户使用的难度；

（3）价格版本不宜太多，一般 3 ~ 4 个为宜，过多的版本会增加客户选择困难和销售解释成本；

（4）中间版本是大部分人的首选，最高价、最低价都是“锚”；

（5）每个版本之间的价格不宜差距太大，一个版本的价格不宜超过低一级版本的 120%，否则客户有向下选择的惯性。

这里举个某家电价格的例子，如表 6–3 所示。

表 6–3 某家电价格适合的版本

标准版	专业版	旗舰版
9800 元	19800 元	39800 元

每个版本价值不同，但首选专业版的可能性最大。但如果价格阶梯设置如表 6–4 所示，估计放弃专业版选择标准版的客户会占更大比例。

表 6-4　某家电价格跨度太大的版本

标准版	专业版	旗舰版
9800 元	29800 元	59800 元

当然，这与价值场景是否清晰有很大关系，如果专业版针对的客户群特别清晰，这类客户群一看就知道自己不能选标准版，那么价格差就可以克服。

一个企业购买产品，可以有一部分员工使用旗舰版，一部分使用基础版。根据功能的不同，拆分版本一般是从低到高的阶梯式报价。小客户需求少，可选择成本更低的版本。而大客户需求多，需要的产品功能更全，可以选择成本较高的版本。通过产品分级定价，可以用低版本的价格去抵消比价中的不利，甚至在基础产品上用价格去打击竞争对手。然后通过高版本的价格，获取更高的回报。

6.6.7　细分市场定价

细分市场定价是指在不同的细分市场上，对同一产品定不同的价格。在顾客能够接受根据产品或服务的细微差别而制定不同价格的时候，这种战略就显得尤为重要。

1. 细分市场定价的形式

（1）同一种产品对不同的顾客制定不同的价格。

（2）根据不同的产品形式，制定不同的价格，但价格的差异不是基于成本的差异。

（3）根据不同的地理位置制定不同的价格，即使成本一样。

（4）根据季节的不同、月份的不同、日期的不同，甚至时刻的不同制定不同的价格。

2. 细分市场定价满足的条件

（1）市场可细分，同时不同的细分市场要显示出需求的差别。

（2）不会出现产品转售串货的情况，竞争对手不会以更低的价格出售相应产品，细分市场带来的成本要低于差别定价带来的收益，而且差别定价活动要合法。

（3）细分市场定价要真正能体现消费者感知价值的差异。

3. 细分市场定价的适用性

（1）产品在不同细分市场上具有不同程度的价值。

（2）产品或服务可略作改变，以适应细分市场的不同需要。

（3）不同的细分市场之间不存在竞争。

6.7 诱导定价策略

诱导定价策略是指通过各种不同的价格组合，诱导消费者连带购买、冲动购买、批量购买的一种定价策略。

诱导定价策略主要针对中低收入的消费者，适合于经营中低档商品的零售店。诱导定价策略的形式主要有连带购买诱导、冲动购买诱导等。

6.7.1 连带购买诱导定价策略

这种定价策略的核心内容是通过有关联、可对比的不同价格组合，引诱消费者连带购买。如洗发用品，可以规定单购一瓶洗发水售价 4.00 元，单购一瓶护发素售价 3.50 元，而两瓶同时购买，售价 6.50 元。在这种情况下，消费者都会认识到，同时购买洗发水和护发素比单独购买是有利的。这是在零售界普遍采用的一种定价策略，容易实施。

6.7.2 冲动购买诱导定价策略

冲动购买诱导定价策略是指通过价格导向，激发消费者冲动购买的一种定价策略。通常通过设置吸引人的价格优惠，激发消费者的购买欲望，从而增加销售量。但与此同时，它也具有比较大的风险，因为采用的是一步步往下折扣的办法，所以虽有可能引发人们抢购的积极性，但也可能导致消费者都在等待，等到折价幅度最大时才去抢购，这样就导致零售店利润微薄。同时，一旦零售店商品折扣降到最低价时，价格要反弹回去，即对商品提价，就容易挫伤消费者的积极性，使零售店陷入非常被动的境地。所以零售店应谨慎采用这一策略，在实施时要安排专门员工对消费者进行鼓励，人为地营造抢购的氛围。

1. 免费试用模式

短期试用可以让目标客户群在购买前先对产品进行体验，是一个吸引他们的好办法。免费试用可以限制时间、目标客户数量或指定功能。必须保证足够好的目标客户体验，让试用者喜欢上这款产品，但是又不能让体验太好，好到他们没有要购买的欲望。

2. “剃刀与刀片”模式

有些公司会将一个物件（如剃刀）的价格压到接近或低于成本，以使其附属物（如刀片）给公司带来额外的收入。如果目标客户群只能从你这儿买这种附属物，这个模式就非常有效。如果还有其他竞品提供可兼容的附属物，那你就要冒风险：目标客户群从你这里买便宜的产品，再从竞品那里买附属物，那么谁也没有得利。

定价模式也可以结合起来一起使用。比如，可以先采用免费试用模式，然后再推出订阅模式。

在线广告通常用以下 3 种方式来定价。

（1）按点击付费的模式。

只有在目标客户点击广告时，广告主才需要付费。这就意味着如果他们的广告向目标客户群展示了 1000 次，但只有 2 次点击，那么广告主就只需要为那 2 次点击买单。

（2）按显示付费的模式。

每次显示广告，广告主都需要支付费用，不管目标客户群和广告是否有互动。

（3）按行为付费的模式。

只有当行为发生时，如有目标客户点击了广告并购买了产品，广告主才需要付费。这也称为一次“转化”。这种模式较为少见，主要是难以追踪目标客户群的转化。此外，有些公司也提供按行为付费的模式，这里面的行为包括为页面点赞、询价和安装移动插件等。

6.7.3 意愿定价策略

2007年，英国摇滚乐队电台司令决定，他们推出的专辑《彩虹里》不再采用传统定价方法，而是让他们的粉丝以任意价格支付进行下载。活动结束时，有180万人下载，其中60%没有付款。然而在40%付款下载者中，平均支付2.26美元，这比传统定价模式经历生产商、发行商、渠道商层层剥削之后能够得到的多得多。

意愿定价策略能够针对不同的需求为同样的产品制定不同层次的价格。让很多原本不付费的顾客转化成愿意付费的顾客，这种定价有助于鼓励卖方提供优质的服务来提升产品和服务的品质。

不设定价格往往可以避开中间商，改变成本结构。这种定价策略比较适合音乐和其他体验型的产品。使用意愿定价策略时，产品应满足以下特征：

（1）产品边际成本低；

（2）消费者思想公正；

（3）广泛多样的顾客基础；

（4）买卖双方关系密切；

（5）高度竞争的市场环境。

6.7.4 免费定价策略

免费定价策略的使用基于双边市场，即一个卖方基于两个买方。在使用免费定价策略时，需注意以下3点：

（1）边际成本递减，多增加一些顾客并不增加更多成本；

（2）免费可以使资源集中化，快速地聚拢资源；

（3）不要试图用免费去攻击免费，当竞争对手免费的时候，要更多地考虑自身有哪些独特的优势和资源，给消费者提供具有独特价值的产品才有可能打败免费。

6.8　招徕定价策略

招徕定价策略就是产品或服务的价格不是根据公司的成本利润来定，而是相比目前的市场价格，定一个远远低于此的价格，有意将少数商品降价以招徕吸引顾客的定价方式。商品的价格远低于市价，一般都能引起消费者的注意，这是适合了消费者求便宜的心理。

招徕定价策略的实质是低价引流。

例如，一瓶水成本 1 元，如果超市把这瓶水卖 0.5 元，那么卖这瓶水本身是亏钱的，但是因为水便宜，人们都去超市买水，然后会顺带着购买其他商品，给超市带来利润。这就是超市里的矿泉水卖得都很便宜，甚至可能亏本销售的原因。

同时，水对消费者来说是价格敏感产品，消费者会拿超市水的价格与外面卖家的水相比，就会觉得超市的其他商品也便宜。当不注重商品的成本和盈利而希望该商品能给自己带来客流时，就可以采用这种定价策略。在新开店中这个情况特别常见，就是为了吸引客户，当然店里的其他项目肯定需要产生利润。

招徕定价策略应注意以下几点：

（1）降价的商品应是消费者常用的，最好是适合每一个家庭的物品，否则没有吸引力；

（2）实行招徕定价的商品，品种要多，以便使顾客有较多的选购机会；

（3）降价商品的降价幅度要大，一般应接近成本或者低于成本，只有这样，才能引起消费者的注意和兴趣，才能激起消费者的购买动机；

（4）降价品的数量要适当，太多商店亏损太大，太少容易引起消费者的反感；

（5）降价品应与因残损而削价的商品明显区别开来。

6.9 颠覆式定价策略

颠覆式定价策略可以增加消费者剩余。

在20世纪90年代初期，星巴克的领导者有一个愿景：将咖啡卖到5美元一杯。当时一杯咖啡5美元的想法在行业里面简直是天方夜谭，因为那时候市面上一杯咖啡的平均价格是50美分。

星巴克是怎么做到的?

他们在杯子上写上了5美元的价格。星巴克通过包装把自己和竞争同行完全区隔开，他们认识到为了让人们乐意花5美元购买一杯咖啡，需要创造一种完全不同的消费体验，需要提供更好的超乎常规的东西。比如咖啡厅装修得非常舒适、优雅，配上皮沙发，还有熊熊燃烧的壁炉，提供数十种高品质的咖啡供你选择，点单后只需要几分钟就可以做好。

国内能突破当前品类价格的产品也挺多，做婴儿用品的某品牌算是其一。它的婴儿床4180元、婴儿车4980元，价格达到了同行的2~3倍。在此之前，这样价位的婴儿床和婴儿车，一直由外资品牌占据。那么，在当下母婴市场，该品牌为什么能把婴儿车卖到4980元?

首先，要想清楚顾客需要什么。

当下，母婴市场正在发生消费人群的代际变化，“90后”“95后”年轻父母成为消费主力。这群人的成长环境与上一辈大不相同，他们的金钱观、消费观都变得理性和超前。

根据这群人的需求，该品牌做的第一步是打破婴儿车制造业的行业惯性。

调查表明，母婴家庭人群在购买母婴产品时，对于产品质量和材质的重视程度分别为74.8%与39.5%，而对于价格的重视度仅为33.0%。这意味着大部分母婴家庭人群宁愿花费更多的钱，也要买到品质有保障的优质母婴产品。

该品牌对产品本身的质量非常重视。比如为提升推车的安全性，并没有选择行业传统的三根或两根管体解决方案，转而选择采用注塑大靠背。在设计上，选择和行业内优质供应链甚至跨界供应链合作来完成。

除了功能溢价还要有体验溢价，为此，该品牌的产品设计研发团队占公司总员工的近50%，对产品颜值更加重视。

案例证明，新消费品牌已经来到一个走精品高端的时代，可以通过营销提升消费者对产品、服务、功能、体验价值的感知。

不要害怕价格更高的好产品无人问津，只要价值到位，消费者感知到位，好产品可以卖得更贵。

第 7 章 产品定价技巧

7.1 心理标价

心理标价，是指在价格浮动不大的前提下，通过尾数、整数、对比、拆分、措辞、替换等手段，从心理上让消费者更乐于接受产品、接受价格。可分为尾数定价和声望定价技巧。

7.1.1 尾数定价

尾数定价技巧是指在确定零售价格时巧妙设计价格尾数，使目标客户群在心理上有一种便宜的感觉，或是按照风俗习惯的要求，价格尾数取吉利数字，以扩大销售。这种定价策略属于心理定价策略的一种，已被企业广泛应用，从国外的家乐福、沃尔玛到国内的华联等大型百货商场，从生活日用品到家电、汽车都采用尾数定价策略。

消费者的购买心理、购买动机各不相同，既有经济方面的动机，注重经济实惠、物美价廉；又有感性方面的动机，注重商品包装美观、式样新颖；还有购买中的社会动机，注重品牌商标、高质高价、独特形象等，这就要求企业的商品价格为适应不同的需求偏好而采用不同形式的心理价格策略。

1. 便宜

标价 99.96 元的商品和 100.06 元的商品，虽然仅差 0.1 元，但前者给消费者的感觉是“还不到 100 元”，而后者却使人产生“100 多元”的想法，因此前者可以使消费者认为商品价格低、便宜，更易于接受。

在让消费者形成感观错觉这件事上，可以说各商家都费尽了心思。在某个价格拐点前及时刹车，是最为常见也是最行之有效的形成感观错觉的方式之一。

很多产品定价是99元，而不是100元；是199元，而不是200元；是1999，而不是2000元；是33元，而不是36元。大部分商品的销售，是需要靠冲动消费的。在目标客户群产生冲动的那一刻，企业需要做的是尽可能地消除目标客户群下单的阻力。另外，习以为常的价格展示方式切不可放弃，划线价格、标红价格、促销价格等常规的企业价格呈现方式依然有效。

虽然是价格的“谎言”，但产品质量和品质是较好的，提供的价值和目标客户群的需求也是匹配的。

2. 价格精确的美妙

带有尾数的价格会使消费者认为企业定价是非常认真、精确的，连零头都算得清清楚楚，进而会对企业和企业的产品产生一种信任感。

有些商品和称重有关，确实会存在有零有整的情况，但更多情况是卖方故意这样定价的。

人们有一种执念，翔实且具体的数字可信度更高，人们不相信世界有那么多的巧合，数字正好到整数更像是提前谋划好的骗局。

例如去买菜，小贩称重计算后跟你说4块3角，给4块钱吧，你会觉得很真实，一定是精确计算后得出的价格；相同情境下，换种说法，小贩告诉你正好4块，你就可能半信半疑了。

目标客户群的感知是很神奇的。9.99元，有零有整，给目标客户群的感知是经过精密计算的，是有计算规则的，对客户负责的，这也是超市喜欢把价格定得有零有整的原因。

实验表明，5、8、0、3、6这些带有弧形线条的数字比1、4、7这样锐利的数字更易被顾客接受，这与地域、国界和文化有关。在我国，大家喜欢吉祥、平安寓意的事物，会尽可能回避掉不吉祥的数字。1、4、7这样的数字，很少出现在价格的末位，以6、8、9结尾居多。

7.1.2 声望定价

以中低收入群体为目标顾客的超市、便利店等经营日常用品的企业适合采用尾数定价策略，而以中高收入群体为目标顾客经营高档消费品的大商场、大百货不适合采用尾数定价，而应该采用声望定价。

声望定价是指为了提高潜在消费者的认知价值，有些名牌商品或著名企业，故意把价格定成整数或高价，创造一种高品质的印象，又称为整数定价。

声望定价只适用于高档名牌商品、奢侈品及确有特色的服务、高档商场或特定的地点等，主要抓住了消费者崇尚名牌以价格判断质量的心理，借以提高产品的形象，同时满足某些消费者对地位和自我价值的欲望。

（1）大型百货商场不适合尾数定价。

大型百货商场的高投入、高成本决定其采用薄利多销的模式是没有出路的，它与超市、便利店相比，不具有任何价格优势。因此，大型百货商场应以城市中高收入阶层为目标市场。在购物环境、经营范围、特色服务等方面展现自己的个性，力争在目标消费者心中占据“高档名牌”的位置，以此来巩固自己的市场地位。

（2）大商场采用声望定价策略传达的是一种满足。

这种定价策略既补偿了提供优质产品或服务的企业，也有利于满足不同层次的消费需求。

（3）高收入人群的日益增多是采用声望定价策略的现实土壤。

目前有较强经济实力的消费群体规模越来越大。这部分人群消费追求品位，因此，对那些高档名牌产品，尤其是适合高收入者的消费品，应用声望定价法。

另外，有一些认知习惯价格标识技巧，如表 7-1 所示的定价常识。

表 7-1　定价常识

	逻辑	认知底层	常规标识	技巧标识
1	左侧数字影响价格认知	小数点右侧 1 美分的价格变化无足轻重，但 \$3.00 到 \$2.99 这样的小数点左侧数字变化就会产生完全不同的价格认知	\$20	\$19.99
2	字体更小的感觉更便宜	大脑在视觉面积更大与数字量级更大之间有一块模糊区域，消费者会认为字体更小的更便宜	\$49	**\$49**

续表

	逻辑	认知底层	常规标识	技巧标识
3	拿掉千位分隔符	拿掉千位分隔符的价格看起来更低	\$1, 499	\$1499
4	将定价拆分为不同组成部分	用其中的基础价格，而不是打包价格来锚定消费者价格认知	\$18 免运费	\$15 加运费 \$2.99
5	当价格更加精准时，买家愿意支付更多的钱	更精准数字激发其与小数量级数值的关联，进而影响人们的价格认知	\$35000	\$36278.15
6	遵循“100 原则”	当价格低于 100 时，用百分比展示折扣；当价格超过 100 时，用实际金额展示折扣	\$20 减 \$2	\$20 打 9 折
			\$250 打 9 折	\$250 减 \$25

7.2　打折

7.2.1　产品促销

产品促销，“满 1000 元立减 200 元”“原价 1000 元的产品打 8 折”，哪个说法好？

虽然目标客户群支付的金额是一样的，但心理感知是不一样的。1000 元的产品打 8 折，只是打了 8 折，心理活动到此就结束了；满 1000 元可以立减 200 元，相当于在支付 1000 元的同时消费者又收获了 200 元，不止有支出还有收入。

让目标客户群在支出的同时，又有收入，是一种不错的定价策略。另外，在产品促销期间，相同折扣力度，说法不同，销量也会有很大差别。

一般情况下，当产品的价格低于 100 元时，用百分比展示折扣；当产品的价格超过 100 元时，用实际金额展示折扣。例如十几元的零食，更适合用 8

折或 9 折优惠这样的说法。

总之，哪种说法让目标客户群更直观感受到优惠力度大，便使用哪种说法。目标客户群产生“哇塞，也太便宜了”的声音，你就成功了。

7.2.2　第二份半价

餐饮店经常使用的“第二份半价”会不会赔钱？

当然不会，第二份半价，相当于目标客户 75 折购买了商品。营销界那句流传已久的话，“消费者要的不是便宜，而是感觉占了便宜”，之所以被奉为经典，是因为它一直行之有效，屡试不爽。

很多情况下，目标客户群购买了一份商品后，基本没有购买第二份的需求，并且复购的可能性很小。如果让目标客户以牺牲较小的金钱代价就获取同样的商品，其大概率会被说服。

当目标客户购买单份后，听到第二份半价，会和第一份进行比较，从而形成很强的价格对比反差，非必需的消费会逐渐变为必需，“第二份半价”就是在为目标客户寻找一个新的消费点。“第二份半价，那很便宜，我再给好闺蜜买一份”“第二份半价，我找一个人来拼单，这样很划算”……

对于餐饮店来说，第二份的边际成本很低。售出第一份时就可以赚回各种成本费用，制作第二份的成本非常小，因此第二份以半价的形式售卖也是稳赚不赔的。这对价格敏感型目标客户群来说屡试不爽。与“第二份半价”有异曲同工之妙的还有“买二送一”等。

7.2.3　抵扣价

抵扣价是商家提供的一种优惠措施，通常是在原价基础上减去一定金额或比例，使顾客能够以更低的价格购买商品。这种优惠措施可能是为了吸引顾客消费，促销产品，增加销量，回报忠诚顾客或清理库存。通过抵扣价，顾客可以享受到更实惠的价格，从而增加购买欲望和消费决策的动力。通常通过积分、优惠券设置抵扣价。

1. 刺激福利

刺激福利即直接抵扣，比如专场大促，目标客户群可以直接获得全场或者单品的抵扣券。

2. 隐性福利

有些平台会有会员积分、粮票、金币等虚拟金额，享有并非所有人都可以直接看到的价格。

3. 游戏福利

也可以设置一些游戏，刺激目标客户来获取，比如消费、抽奖、转发、浏览、签到得抵扣福利等。

另外，抵扣的使用也分两种：面值抵扣，比如签到得 5 元抵扣券；折扣抵扣，比如 9 折、88 折之类的打折力度。

7.2.4　秒杀价

秒杀价也可以理解为直减（直降），是在短期内为了刺激目标客户快速下单而设置的福利。

金额上的秒杀：比如原价 19.9 元，现在卖 9.9 元，但是不限量。

数量上的秒杀：在价格优惠的基础上限量发售。

另外，秒杀是针对产品的，但对于销售形式来说是可以一直存在的。比如设置专门的秒杀频道，或者在线下实体店每天前多少位顾客享受秒杀的福利。

秒杀最主要的目的是刺激消费和引流。而在直播电商领域中，秒杀还承担着活跃直播氛围、构建销售信任的作用。

7.2.5　累计折扣

某些旅游套餐里已经组合好游客数量，例如 2 个成人 1 个小孩、2 个成人等，组合后的价格比单独购买优惠。看到旅游套餐更加实惠的情况下，独自出行的目标客户会再想想是不是该找个旅行搭子同行。

累计折扣另一个应用场景是“批发价优惠”。当面对的客户是群体时，比如公司内部的小团建旅游，在“人均单价 × 人数”的基础上会给予一定的优惠空间。

很多消费者至少会购买一套保暖内衣，也就是 2 件商品以上，比如：

购买 2 件 199 元商品，折后共 388 元；

购买 1 件 99 元商品和 1 件 249 元商品，折后共 338 元；

购买 2 件 99 元商品和 1 件 199 元商品，折后共 288 元。

某服装品牌将满减优惠的基本线设置在了 399 元（接近 400 元），让消费者下意识地多购买一件商品以达到优惠标准。同时，对于消费总额靠近 400 元而又不想多买一件商品的消费者，该品牌也在收银台准备好了凑单专用的 19 元袜子，形成产品组合。

总之，用满减优惠促销，给消费者制定更高的消费锚点，既让消费者拥有占便宜的满足感，也自然而然地提高了消费者的消费金额。

7.3 价格转移

7.3.1 价格拆分

价格拆分是指将一个比较大的数字拆成比较小的数字，从而降低目标客户群对价格高的感知。

对目标客户群来说，一次性支付较高的一笔费用，或者为一个长期目标买单，是有心理门槛的。客单价高的产品，需要的决策时间和难度本来就会更高。如果能给出一个理由，转移目标客户群的关注点，可以采用产品价格拆分的方法。拆低价格一般有以下两种拆法。

1. 拆小单位

一种是把单价从大量级拆成小量级。健身房喜欢用“平均每天只要 ×× 元”来吸引顾客。蚂蚁花呗也用了这个手法，向大家展示日利率而不是年利率。再如某知识付费产品，顾客喜爱已久，但是很贵，365 元一年，所以迟迟没有下单。企业该怎么办？这个时候目标客户已经非常认可了，只是对价格存在犹豫，你要做的就是推他一把，促成交易。

试试换成下面两句话：

每天只需要花 1 元，你就可以学一整年的课程；

每天只需 1 元，就赚回学费了。

是不是立马就觉得没那么贵了？

“偷换一下概念”，很多问题便会迎刃而解，如图 7–1 所示。

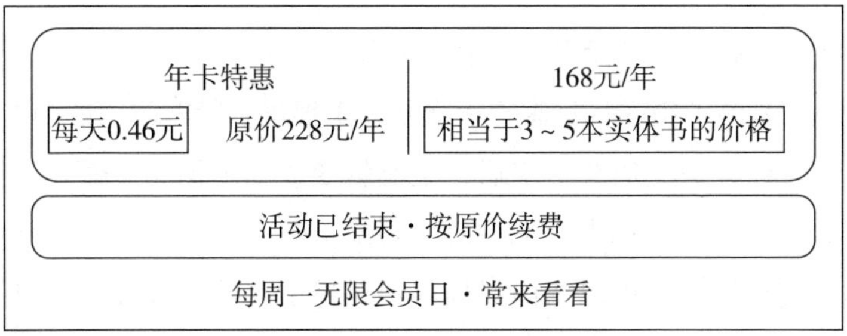

图 7–1　某 App 会员年卡呈现方式

另外，现在大部分的电商平台均支持分期付款的支付方式，利用的也是价格拆分。

2. 拆解流程

按流程拆解。例如在海鲜市场里面，很多餐馆里是没有海鲜的，需要顾客自己买好海鲜，带到店里来加工。顾客付了海鲜的钱，还要给餐馆一笔加工费。但客人往往会把这些钱看成两笔费用而不是一笔费用，实现了让商品看起来没有那么贵的目的。

7.3.2　多规格标价

多规格标价是指企业把产品分为多个规格，按不同规格价格有所差异的产品定价方法。

有时候在网上买水果时，为什么缩略图显示价格那么低，打开详情页价格就变高了？其实商品价格并不是变高了，而是更换规格了。一般情况下，商家会设置相同品种的水果多个规格，有 1 斤、2 斤、3 斤装等。但在页面上为了突出低价格，只会标注 1 斤的价格，从而让你产生很便宜的错觉，吸引你点击商品详情页。

目前的电商平台，商品展示排序可能是竞价排名，商家花费了高昂的流量费用，当然要尽可能吸引目标客户点击。对于部分平台来说，价格低会被优先展示。

这种招数对于价格敏感型目标客户群来说较为行之有效。

7.3.3 虚拟金额

为什么理发店鼓励目标客户充值会员卡？

有人说，是为了锁定目标客户下次及未来很长一段时间内的消费。

其实，目标客户充值会员卡后，金额就变成了虚拟的金额。当目标客户下一次消费时，只需要刷卡，减少的只是虚拟数字，不会再次体会到支付的痛苦。建立支付媒介，可以扭曲目标客户对这笔存款的预知，一旦进入了独立的支付媒介，钱就不像钱了。

7.3.4 套餐价

套餐价是目前电商、线下产品销售中，对于提升成交、提高客单价最有效的方式。像沙县小吃、路边快餐就是套餐价最经典的应用。

为了带动一些滞销产品的销售，许多家电、美容产品都会做搭售。另外像服饰、手机等产品的套餐，目的也是提升客单及带动其他产品。那做付费社群的、知识培训的，怎么定套餐价呢？

可先拆分服务，再进行组合。比如会员制、一对一咨询、电子资料、线下会议和培训等，然后只要列出几个价格区间就行了。

对于单品销售来说，最重要的就是制定好套餐的数量、搭配产品和价格。

7.3.5 价格呈现技巧

（1）价格按照从昂贵到便宜的方式排序。

当商品按照升序排列时，目标客户每见到一个新商品，就感觉丧失了以更低价格购买商品的机会。因此，他们倾向于选择价格更低的产品来减少损失。

当商品按照降序排列时，目标客户每见到一个新商品，就感觉丧失了购买更好的品质产品的机会。因此，他们倾向购买更好品质的产品来减少损失。例如某视频软件 VIP 会员购买界面，采用年度、季度、月度的排序方式，如图 7–2 所示。

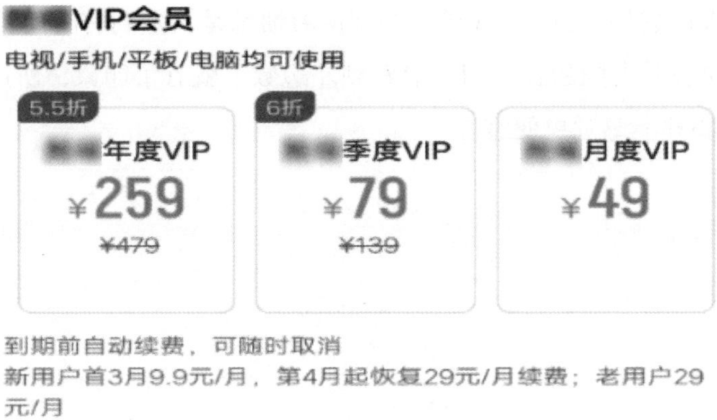

图 7-2　产品价格呈现技巧

（2）产品和价格的先后顺序决定了目标客户群作出购买决策的标准。

如果你的产品是奢侈品，希望顾客看重产品质量而不是价格，那就先展示商品，再展示价格；如果是实用性的、价格较低的商品，就先展示价格，再展示商品。

7.4　返利定价

返利定价是指根据不同的销售情况或购买额，按照一定的比例或固定费用返还给消费者或经销商部分金额。这种机制通常用于奖励消费者或经销商，帮助他们获得额外的价值。

返利多用于网络销售平台，有送东西的，有送优惠券的，还有送红包的。其中用优惠券更好，可以增加客户的复购。

加钱换购也是一种返利定价，如消费到一定金额，加一元就可以获得某个物品。这样的做法不仅可以避免便宜标签，还可以让消费者觉得占了便宜。

返利定价技巧具体有以下几种。

（1）抹零安慰：多用于产品组合，这样能给消费者实惠的印象，缓解消费者的焦虑，增强回购意愿。

（2）第二份半价：可以促进销量，而且消费者买第二份的时候会把注意力集中在半价上，感觉得到了便宜。

（3）末位数是 9 或 8：现代人的阅读习惯都是从左到右阅读，而人们的注意力又是极其有限的，人们一般看到左边数字就有了印象，所以 9.9 元比 10 元让人心理上感觉更便宜。

第 8 章 产品价格带与产业的适销度匹配

产品适销度是评价企业的产品线发展与产业发展匹配性的一个重要衡量指标。当企业的主推产品结构与产业价格带的消费量结构相一致时，则说明企业的主推产品与产业发展相吻合，该产品的适销度高，有利于企业的产品销售，更加容易实现高质量发展；如果企业的主推产品结构与产业价格带的消费结构不一致，则说明企业的产品战略规划有问题，需要根据产业价格带的消费结构优化调整企业的产品开发战略，或调整产品价格提升产品的适销度。

8.1 产品价格带对产品开发战略的影响

产业产品线的价格带是指产业的产品线、产品系列和产品规格在各个价格段的销售量或销售量的占比。例如 2022 年汽车乘用车车型价格带分为 3 万 ~ 8 万元、8 万 ~ 12 万元、12 万 ~ 16 万元、16 万 ~ 25 万元、25 万 ~ 40 万元、40 万元及以上 6 个价格带；还可分为 3 万 ~ 8 万元、5 万 ~ 10 万元、10 万 ~ 15 万元、15 万 ~ 20 万元、20 万 ~ 30 万元、30 万 ~ 40 万元、40 万元及以上 7 个价格带。这两种分法的区别在于：第一种分法侧重于每个区间的销售总量差不多，第二种分法侧重于价格区间的均衡度。两种分法没有优劣之分，哪种分法更适合自己的企业就可应用哪种分法。

企业价格带则是指企业自己的各个产品线及其产品系列处在产业价格带的位置、销售量或销售占比。如果企业的产品定位和价格带与产业价格带相一致，则说明产品的适销度比较好；如果不一致，则说明产品与产业的适销度不高。另外，企业产品定价或价格策略、产品开发战略等也应该参考产业价格带的结构，从而提升企业产品的竞争力。

案例分享

根据中国乘用车市场信息联席会（简称“乘联会”）2022 年 12 月的数据，全国乘用车市场价格走势持续上行，高端车型销量提升明显，中低价车型销量减少，这是消费升级的推动，如表 8–1 所示。

表 8–1　汽车乘用车的价格带销量和占比

价格段 / 元	2017 年销量 / 辆	2018 年销量 / 辆	2019 年销量 / 辆	2020 年销量 / 辆	2021 年销量 / 辆	2022 年汇总 / 辆	2022 年销量 / 辆			
							1 季度	2 季度	3 季度	10—11 月
40 万及以上	41	51	52	56	58	62	14	15	20	13
30 万 ~ 40 万	87	103	109	111	123	126	32	31	38	25
20 万 ~ 30 万	204	205	205	254	312	338	87	72	108	71
15 万 ~ 20 万	343	355	349	359	372	410	104	90	132	84
10 万 ~ 15 万	630	614	623	567	572	554	146	126	173	109
5 万 ~ 10 万	1062	971	765	613	607	522	140	119	159	103
5 万及以下	51	27	8	17	66	80	21	19	23	16

价格段 / 元	2017 年占比	2018 年占比	2019 年占比	2020 年占比	2021 年占比	2022 年汇总（百分比）	2022 年占比			
							1 季度	2 季度	3 季度	4 季度
40 万及以上	1.7%	2.2%	2.5%	2.9%	2.7%	3.0%	2.6%	3.2%	3.1%	3.0%

续表

价格段 / 元	2017 年占比	2018 年占比	2019 年占比	2020 年占比	2021 年占比	2022 年汇总（百分比）	2022 年占比			
							1 季度	2 季度	3 季度	4 季度
20 万 ~ 30 万	8.4%	8.8%	9.7%	12.8%	14.8%	16.2%	16.0%	15.1%	16.6%	16.9%
15 万 ~ 20 万	14.2%	15.2%	16.5%	18.1%	17.6%	19.6%	19.1%	19.1%	20.2%	19.9%
10 万 ~ 15 万	26.1%	26.4%	29.5%	28.7%	27.1%	26.5%	26.9%	26.7%	26.4%	25.9%
5 万 ~ 10 万	43.9%	41.7%	36.2%	31.0%	28.8%	25.0%	25.8%	25.2%	24.4%	24.5%
5 万及以下	2.1%	1.2%	0.4%	0.9%	3.1%	3.8%	3.8%	4.1%	3.6%	3.8%

汽车企业需要进行汽车产品升级，提升汽车的档次和品质，才能与市场产业的发展趋势相匹配。

由表 8–2 可以看到，2017 年 1—7 月中国汽车市场的销售主导价格段集中在 5 万 ~24 万元，其中销量最大的是 8 万 ~16 万元的汽车。另外，相比上一年同期，随着价格（除 64 万 ~72 万元外）的增高，乘用车的销量都有所增长，特别是 48 万 ~56 万元成交价区间的汽车，同比增幅达到 72.7%，抛开一些个别因素，可看出经济型市场的消费者逐渐向更高价位的市场转移，汽车市场消费有所升级。

表 8–2　汽车乘用车的 2017 年 1—7 月的销量与增长率

价格段 / 元	2017 年 1—7 月累计销量 / 辆	2016 年 1—7 月累计销量 / 辆	增速（百分比）	2017 年 1—7 月额（百分比）	份额变化（百分比）
TP ≥ 80 万	99519	93493	6.4%	0.8%	0

续表

价格段 / 元	2017 年 1—7 月累计销量 / 辆	2016 年 1—7 月累计销量 / 辆	增速（百分比）	2017 年 1—7 月额（百分比）	份额变化（百分比）
72 万≤ TP<80 万	29524	27351	7.9%	0.2%	0
64 万≤ TP<72 万	28075	31615	-11.2%	0.2%	0
56 万≤ TP<64 万	36290	33485	8.4%	0.3%	0
48 万≤ TP<56 万	97415	56420	72.7%	0.8%	0.3%
40 万≤ TP<48 万	212117	167160	26.9%	1.7%	0.3%
32 万≤ TP<40 万	441675	362499	21.8%	3.6%	0.6%
24 万≤ TP<32 万	805163	701799	14.7%	6.6%	0.7%
16 万≤ TP<24 万	1833039	1548192	18.4%	15.0%	2.1%
8 万≤ TP<16 万	5610596	5325133	5.4%	45.8%	1.4%
5 万≤ TP < 8 万	2482505	3018250	-17.8%	20.3%	-4.9%
TP<5 万	576904	631052	-8.6%	4.7%	-0.6%

注释：TP 为新车终端销售价格

2017 年上半年销售数据显示，40 万元以下的轿车份额有所下滑，相反，40 万元以下的 SUV 车型份额却呈现了小幅增长，这或与轿车市场升级有关系。

乘用车的新产品研发方向要注重产品的迭代升级，提升汽车的档次和品质，才能与市场产业的发展趋势相匹配。在产品线的投资方向上应该不断加大 SUV 和 MPV 产品线新产品的研发力度，没有 SUV 产品线的企业可以尝试布局，已有 SUV 产品线的企业应该重点突破，不仅要增加产品系列和产品规格，还要注重产品角色定位和产品组合，提升企业集团军协同作战能力。

2017 年上半年 16 万元以上的乘用车市场，SUV 车型占据主导地位，如表 8-3 所示。

表 8–3　汽车乘用车的 2017 年上半年的市场份额与变化

价格段 / 元	轿车		SUV 车型		MPV 车型	
	份额（百分比）	份额变化（百分比）	份额（百分比）	份额变化（百分比）	份额（百分比）	份额变化（百分比）
TP ≥ 80 万	28.4%	–3.2%	64.8%	2.8%	4.6%	1.7%
72 万≤ TP<80 万	24.6%	8.0%	75.3%	–6.0%	0.0%	–1.7%
64 万≤ TP<72 万	16.5%	1.4%	75.7%	–0.1%	6.3%	0.8%
56 万≤ TP<64 万	26.3%	2.1%	46.0%	–23.3%	18.5%	12.2%
48 万≤ TP<56 万	34.3%	21.6%	58.7%	–20.7%	6.7%	0.6%
40 万≤ TP<48 万	50.9%	3.9%	46.8%	–4.3%	2.0%	0.5%
32 万≤ TP<40 万	42.3%	–7.5%	50.2%	4.3%	7.2%	3.4%
24 万≤ TP<32 万	37.0%	–6.6%	53.2%	6.1%	9.7%	0.5%
16 万≤ TP<24 万	42.1%	–1.7%	54.5%	1.6%	3.4%	0.1%
8 万≤ TP<16 万	53.8%	3.0%	43.9%	3.1%	2.3%	–0.1%
5 万≤ TP<8 万	50.3%	–10.2%	31.6%	10.4%	18.1%	–0.2%
TP<5 万	40.0%	4.0%	0.2%	0.1%	59.8%	4.0%

注释：TP 为新车终端销售价格

8.2　产品与产业的适销度分析

产品适销度是指一个企业的主推产品结构与产业价格带消费量结构之间的匹配程度。

企业的产品结构是指各类产品在公司产品体系中的占比和协同关系。假设将产业产品全景地图想象成一棵大树，那么产品开发战略定位就是企业选定的哪些树枝，而产品结构就是所选定的不同树枝的比例。

产品定位和产品结构也直接影响产品适销度。例如房地产产业，在首置刚需型市场火热的时候，企业的主流产品偏改善类型，或者在改善型需求爆发的时候企业的主流产品是首置刚需类型，又或者在商业地产市场已出现滑坡的情况下企业的商住产品比例过高，都说明产品定位和产品结构与产业的市场需求不合拍，产品适销度也就较差。

总之，企业主流产品的定位和占比对企业业绩的影响非常大。因此，企业产品主要依据主流产品与产业的产品价格带发展适销度调整结构，特别是根据资金状况动态地调整产品结构，这是产品战略调整的重中之重。

因此，产品开发战略就是要提升自己未来的主流产品与产业发展趋势的具有较高的适销度。产品的适销度主要从产品线、产品系列两个维度进行评估分析。

8.2.1 企业的产品线发展与产业发展的适销度匹配性分析

一些企业主销产品与产业价格带高峰产品的适销度匹配不高，甚至产品之间是互补关系还是竞争关系都不清楚，更谈不上思考互补产品之间协同和竞争关系的区隔了。

因此，企业应该根据产业价格带分析哪些产品线是主销产品或未来的发展主流，主推哪几条产品线，并确定企业产品线的聚焦、重点突破，布局产品线，从而提升企业产品线与产业的适销度匹配性，推动企业高质量发展。

具体分析步骤如下。

1. 产业价格带标准的设计

根据企业所处产业的发展现状和未来发展趋势，确定产业价格带划分标准和价格区间。

2. 绘制产业产品线的价格带

根据产业现有的产品线编制设计产业各个产品线的价格带，并搜集相关销售量和增长率，绘制产业产品线的价格带。

3. 分析产业主要增长点和未来发展趋势

分析产业近几年的发展状况和特点，以及产品发展趋势，寻找产品发展空白或机会，为制定公司的产品开发战略打下良好基础。

4. 评估企业产品线与产业发展适销度的匹配性

根据企业所涉及的产业产品线，分析企业的主销产品与产业价格带或发展趋势的匹配性，并评估各机会的大小和开发资源优势。

5. 规划企业产品线和新产品的开发战略

不仅要规划确定企业产品线的开发战略和产品布局，也要规划企业未来产品线的开发策略。

8.2.2　企业的产品系列与产业发展的适销度匹配性分析

产品系列的适销度规划要确定主推几个产品系列才能提升产品的适销度，并且包括各产品系列的划分标准是什么，主打的明星产品系列是哪几个，其聚焦、重点突破和布局产品系列发展节奏规划是怎样的。具体步骤如下。

（1）绘制产业某产品线的产品价格带：根据企业所涉及的产业产品线，设计产业价格带，并搜集相关销售量和增长率，画出产业某种产品线的产品系列价格带。

（2）评估企业产品系列与产业发展适销度的匹配性：分析企业的主销产品与产业价格带或发展趋势的匹配性。

（3）规划企业现有产品系列的发展定位：明确企业现有产品系列的发展定位，以及“721”原则下的发展节奏。

（4）规划确定企业核心产品系列的产品规格开发战略：根据产业价格带结构，规划未来应该开发并补充每个核心产品系列的产品规格及其价格策略。

8.3　产品价格带对产品定价的指导

产品价格带是指一种同类产品或一种产品类别中最低价格和最高价格的差别。价格带的宽度决定了产品所面对的消费者的受众层次和数量。

例如我们公司生产红葡萄酒，竞争对手有 5 个规格，售价分别是 50 元、100 元、200 元、300 元、500 元；我们公司也有 5 个规格的红葡萄酒，售价分别是 80 元、100 元、150 元、200 元、300 元，经过价格带的对比可以得出如下结论。

（1）对方的价格带（50~500元）比我们的产品价格带（80~300元）宽。

（2）对方的最低价格比我们低。

（3）如果我们增加48元和450元的价格规格，就会改变一些我们的品类定位。

（4）当与同一种产品相比较，我们公司的价格偏高时，需要查看该产品的销售排名，如果销售不好，就可以考虑淘汰这种产品；如果销售比较好，消费者也需要，那就可以把该产品与其他产品形成产品组合，赋予它某个功能角色，提升产品之间的协同效应，提升产品的协同作战能力。

8.3.1 对产品价格带的分析

分析产品价格带的关键在于确定品类的产品价格区域和价格点。确定品类价格点后便可以决定品类的产品定位以及应当引入和淘汰哪些产品，形成产品协同组合。

第一步，零售商需要选择分析对象，其对象要求为门店产品某一个小分类。

第二步，展开产品品类中的单品信息，比如酱油，罗列出其各产品规格的销售价格线。

第三步，归纳该品类中单品的最高价格和最低价格，进而确定品类的价格带分布情况。

第四步，判断其价格区间，即价格带中陈列量比较多且价格线比较集中的区域。

第五步，确定产品品类的价格点。

价格点是指对于该门店或业态的某类产品而言，最容易被顾客接受的价格或价位。确定了价格点后，备齐在此价格点价位左右的产品，就会使顾客产生产品丰富、价格便宜的感觉和印象。

价格点是决定顾客心目中品类定位的基点，即价格锚点，而价格带是决定顾客购买空间的范围。价格带的管理与顾客的销售分析密切关联，一方面品类的销售业绩会影响价格带的调整，另一方面价格带的变更也会影响到该品类产品的单价水平，两者是相辅相成、相互影响的变量。当产品价格带调整后，我们需要调查现有的品类销售数据，评价品类的价格点是否达到了最初的销售计划和营销目的。

对产品价格带的分析方式举例说明。如表 8–4 所示。

表 8–4　某零售商店酱油品类的案例图表

名称及规格	售价 / 元	日销售 / 袋（瓶）	陈列量 / 袋（瓶）	排面 / 袋（瓶）	价格线 / 元
A 鲜味酱油袋装 400mL	0.90	1.70	6	3	1.00
A 黄豆酱油袋装 400mL	1.00	3.95	6	3	1.80
B 黄豆原汁酱油 420mL	1.00	6.40	12	6	1.00
A 餐餐酱油 350mL	1.00	3.45	6	3	1.00
A 酿造酱油 400mL	1.00	2.55	6	3	1.00
C 炒麦酱油 360mL	1.00	2.30	6	3	1.00
D 鲜味老抽 380mL	1.00	1.85	6	3	1.00
B 凉拌极鲜酱油 385mL	1.00	1.75	6	3	1.00
E 黄豆酱油 350mL	1.10	2.35	6	3	1.10
F 生抽酱油 400mL	1.20	2.10	6	3	1.20
G 酱油袋装 350mL	1.50	2.35	6	3	1.50
A 原汁酱油 420mL	2.20	3.60	3	3	2.20
H 黄豆酱油 1000mL	4.50	1.75	3	3	4.50
H 酱油 1000mL	7.20	5.50	4	4	7.20

（1）根据数据，绘制产品构成图。

横轴为产品价格，纵轴为陈列排面，如图 8–1 所示，可以发现整体呈左高右低平的发展趋势。

（2）上述表格中相关的价格带数据。

价格带（PZ）：0.90 ~ 7.20 元

价格线（PL）：8 条

价格点（PP）：1.00 元

价格区（PR）：0.90 ~ 1.50 元

（3）相关的分析图形分析结论。

以 1.00 元为中心，在其左侧点缀有 1 条价格线（PL 为 0.90 元），在其右

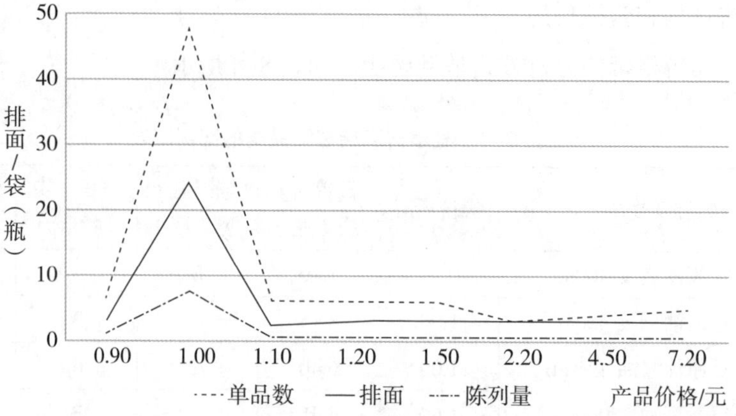

图 8-1　产品构成图

侧有 3 条价格线（PL 分别为 1.10 元、1.20 元、1.50 元）。

该产品构成图在 1.00 元左右形成最大峰值区，价格点左侧 0.90 元处有 3 个排面支持，右侧 3 条价格线的 9 个排面呈现缓慢下滑趋势。

2.00 元以上价位区共有 3 条价格线（PL 为 2.20 元、4.50 元、7.20 元），除 7.20 元为 4 个排面外，其余均为 3 个排面，有缓慢上升的趋势，但在图中 7.20 元没有继续发展延续。

（4）产品构成特点。

从整个品类的价格定位来看，主要集中于中低端，故在产品经营上有效仿折扣店的感觉。该品类的价格点为 1.00 元，所以 1.00 元左右为该品类的主打价位。产品开发的重点为此价格点附近的产品，同时该企业又不想放弃高端市场，故又在 4.50 元和 7.20 元之间推出高价位产品，但又不想给顾客造成贵的印象，因此陈列面数均锁定为 3 个排面，遗憾的是始终未能在高端市场形成第二个峰值区。如果大胆地充实产品形成第二个峰值区，使高端产品以一个价格区（PR）的概念出现，而不是以线（PL）的概念存在，不仅可以增加酱油的醒目度和魅力，而且还会增加毛利，改善酱油小分类在基础调味品品类的收益。

从第一个价格区到准备发展起来的第二价格区中有 2.20 元这一价格线，以 3 个排面的形式穿插其中，孤立于两个峰区之间，若仅仅是衔接则没必要，除非是特色产品，否则很可能遭到埋没。

由于该品类产品既想走折扣路线又想抓高端，而且在低端陈列上做得很大，有 11 个单品共计 36 个排面，高端市场仅投放 2 个单品共计 7 个排面，很有可能招来购买低端酱油的顾客，高端顾客群体很难形成。该品类应当大胆增加真正的高端区产品（含知名品牌的特色产品），把高端特色峰值区做出来，同时增加高端品牌的小规格品，并将其渗透到低价位区，增加顾客对高端酱油的认知度和使用频度，培养和巩固高端产品的顾客。

如果将规格折算处理，会发现品类中所谓的高端产品从严格意义上讲并非高端。品类的产品几乎都是 500mL 以下的小包装产品，建议考虑增加其他规格的酱油品种，例如增加大规格（1000mL 左右）和更小规格（200mL 以下）的产品，这样可以兼顾家庭以及单身人员等不同动机和需求，增加顾客对非日常性产品的购买概率。

从品类所涉及的品牌来看，共有 8 个品牌，这 8 个品牌中既有全国性的大品牌，又有一些地方品牌，但是由于品牌过多，分散了各个品牌做大做强的机会。一个零售产品类包括了国际、国内、区域、地方各种层次的品牌是正常的，但应当注意各种品牌的开发引入比例和品种选择。在本案例中共有 14 个单品，其中本地品牌较多，外来品牌较少。从这样的角度来看，该零售商主要的顾客群体比较喜欢本地产品，外来的品牌销售不佳。

产品构成图的展示具有多面性，绘制产品构成图时，除了价位和陈列面数外，还可以对产品规格、尺码（如服装）和陈列面等进行比较分析。同时，在使用产品构成图时，注意不要忽略产品的内涵，如酱油是纯大豆制品还是传统酿造。

8.3.2　制定产品价格策略的步骤

1. 确定定价目标

企业需确定定价目标，如实现利润最大化、市场份额最大化、稳定价格、短期利润最大化等。

2. 研究市场

了解市场需求和竞争对手的价格，确定主流价格带。

3. 确定成本结构

了解产品的生产成本和销售成本，并计算利润率。

4. 选择定价策略

选择合适的定价策略，如成本加成法、市场定价法、价值定价法或消费者心理预期法。

5. 考虑品牌形象

品牌形象对产品价格的决定也很重要，高端品牌的产品通常价格较高。

6. 考虑销售渠道

不同的销售渠道可能需要不同的价格策略。

7. 确定定价策略

根据以上因素，确定最终的定价策略，在定价策略的基础上，根据产品的定位和品牌形象等因素，确定产品的主流价格带。

8. 监测和调整

应该不断地监测和调整定价策略，以确保价格与市场需求和成本结构的变化相适应。

8.3.3 利用产品价格带制定产品价格的原则

（1）其他价格不变，只改变起卖价和封顶价，这样顾客就会觉得便宜了很多。

（2）企业的产品价格带之间的间隔距离要适中，起卖价和封顶价都要比大众心理价（产业价格带）低两个间隔，这样给顾客的印象就是这家店的价格总体上更便宜。

（3）产品价格带制定原则：

①起卖价＜大众心理最低价 ×（80%～90%）;

②封顶价＜大众心理最高价 ×（80%～90%）;

③起卖价＜主卖价格带＜封顶价。

第三篇
产品价格管理战略

定价不是价格管理的结束，而是价格管理实施阶段的开始。实施阶段还会遇到以下问题：

制定的价格是否合理？

目标客户群对价格的感知是否充分？

价格是否需要变化？原因是什么？变化会带来怎样的影响？

价格制定的效果是否达到了预期的战略目标？

这一系列问题都需要根据目标客户群支付效果进一步分析，并制定产品价格管理战略。

第 9 章 产品价格监控

9.1 价格管理常见错误

产品价格管理是商业决策中至关重要的一环，直接关系到企业的盈利能力和市场竞争力。然而，很多企业在产品价格管理时常常陷入某些错误思维，导致销售困难、利润下降甚至市场份额的流失。

价格管理常见的错误有以下几条。

1. 分辨不出好坏，降成本低价血拼

部分企业认为消费者不能够有效区分产品的质量好坏，为了吸引更多的消费者，会通过降低成本和低价促销的策略进行激烈竞争。这其实是一种错误的产品价格管理观念。举例如下。

有新闻爆料，品牌 A 多个批次的家电产品在国抽、省抽中被曝出产品质量不合格，这并不是品牌 A 第一次登上质量黑榜。

从线上数据来看，品牌 A 产品价格远远低于同类型的品牌，也正因如此，许多消费者才被低价所吸引。但对品牌 A 来说，要想维持低价，并不容易。这势必会迫使品牌 A 缩减研发团队或使用廉价材料，这样做的后果，便是产品功能和性能的不足。此外，较低的研发投入也会限制品牌创新能力，使品牌难以跟上市场的变化和消费者的需求。

品牌 A 通过低价的策略来争夺市场份额，是基于消费者对产品质量辨别能力不足的假设。从长远来看，品牌 A 并没有足够的韧性来应对复杂多变的市场周期。当然，并非所有的企业都会采取这种策略，大部分企业仍然注重产品质量和提供更高水平的服务。

2. 认为产品只要实在就算高价消费者也会买单

只要产品本身具备真实的高品质和价值，消费者一定愿意为其支付较高的价格，这也是一个错误的定价观念。

某品牌啤酒于2021年推出定价999元/盒（2瓶）的超高端啤酒，意图通过文化赋能的方式，进一步强化自己品牌的高端形象。

但作为国内啤酒产品中价格最贵的一款，从销量来看似乎并不乐观。线上旗舰店显示该产品当月仅有9人付款，评论数量也仅有200多个。

千元啤酒虽然价格昂贵，但这一限量销售的产品每年为企业贡献的业绩比重实际上微乎其微，由于销量太小对该品牌啤酒产品的高端品牌形象作用有限。

另外，消费者的购买决策受多种因素影响，包括个人需求、竞争对手价格和市场需求等。因此，即使产品品质优秀，仍然需要合理定价，才能实现市场的最佳平衡。

3. 产品价格长期不变化

大多数企业担心价格变化引起销量波动，因而尽可能长期保持一个价格。精明的企业则会让消费者习惯于价格变动。因为市场随时会发生根本上的改变，需要意识到产品价值随市场变化的趋势，然后调整产品定价以适应这些变化。

对于价格调整，企业应该通过市场调研和试验来验证所制定价格的有效性，并随时根据市场变化作出调整。

某大型游乐园在开园七年来曾四次涨价，同时推出了各种定制徽章和装饰品，为游客提供个性化的体验。通过提供超预期的服务来提高自身的附加价值，不断提高门票价，提升品牌知名度和企业利润。

同样还有某服装品牌。该品牌是平价的代名词，但让人意想不到的是，其居然在上海核心区域开设了全球旗舰店，繁华的黄金位置，超大的店面面积，让人大吃一惊。通常情况下，服装品牌可以分为两类：一类是超豪华品牌，品牌声誉高，价格昂贵；另一类则没有品牌溢价，价格便宜但质量较差，两者之间的差距非常明显。然而，该品牌的创始人说，希望在这两个极端之间建立起一个中间地带，既能提供价格相对便宜的产品，又能保证优质的品质和工艺。

该品牌通过市场定位来彰显其高价值感，给消费者带来与价格不成比例的优质产品和购物体验。这种独特的品牌形象使其在市场上脱颖而出，并赢得了消费者的信任和青睐。

在实际操作中，企业需要了解市场需求、行业趋势和竞争格局，为产品价格管理战略提供有力支持，不断优化和调整产品价格，实现销售增长、利润最大化和市场份额的稳步提升。

4. 认为价格应基于成本而非客户的价值感知

基于成本的价格往往会导致以下两种情形：一是如果价格比客户的感知价值更高的话，销售成本会上升，折扣随之增加，销售周期延长造成利润受损；二是如果价格低于客户的感知价值，销售会变得活跃，但企业的收入只停留于表面，无法使自己的利润最大化。

5. 基于市场进行定价

市场定价对于那些已经放弃利润的企业来说是不进则退的理论，最终结果将是利润变得寥寥无几。如果不想放弃利润，管理团队必须想办法来区分他们的产品或服务，从而为特定的细分市场创造附加价值。

6. 在不同的产品线上保持相同的利润率

定价的铁律是不同的消费者对于同一个产品会有不同的价值感知。对于任何一个产品，当其价格反映了每个消费者购买意愿的时候，利润才会最大化。这种购买意愿是他们对该产品价值认知度的直接体现，而其他产品线的利润率是与之完全不相干的。

7. 没有细分消费者群体

消费者群体能够细分是由于消费者对于产品有着不同的需求。任何产品或服务的价值定位在不同的细分市场中是不同的，定价策略必须能够反映这种差异，应该包括量身定制的产品、营销以及针对不同消费者群体的价格结构。做到这些才能更好捕捉这些细分领域创造的附加价值。

8. 没有预测竞争对手的反应就更改价格

定价策略必须考虑到预期的竞争对手的反应，更要对有竞争力的产品或服务质量作出客观评估。

9. 未能建立优化价格的内部机制

目前，企业的价格会议已成为常态，然而与会者往往准备不充分，提案价格可能是来自竞争对手去年的价格表，也可能是财务人员基于产品的成本结构结合各种假设计算出来的。

企业要提高对价格重要性的认识，制定战略和价格定位，组织系统性的产品价格管理，成立产品价格委员会，建立价格管理机制。

定价错误要付出的代价是，要么损害公司的声誉，要么吃掉利润。曾经有一家公司做了一项测试，停掉了所有的广告、优惠券和其他限时折扣，将产品价格全部调低。现在产品虽然都降价了，但客户都不太接受，因为以前要在节假日通过优惠券才能以这个价格买到产品，他们不满意自己多年来买的产品损失了这部分价值。最后这家公司还是用回了原来的定价策略。

9.2 价格沟通

价格沟通是价格战略的重要组成部分，它涉及企业如何向市场传递价格信息，解释定价逻辑，以及如何通过沟通影响消费者对价格的感知和接受度。价格不仅仅是数字，更是价值的体现，有效的价格沟通能够帮助企业在竞争中获得优势，并增强客户对品牌的信任。

价格沟通在价格战略中的关键作用及相关要点如下。

1. 价格沟通的核心目标

（1）传递价值。

通过沟通解释价格背后的价值（如产品质量、技术优势、服务保障等），让消费者理解为什么这个价格是合理的。

（2）塑造消费者感知。

利用心理定价技巧（如锚定效应、尾数定价）或信息框架（如“节省 500 元”与“原价 1000 元，现价 500 元”）影响消费者对价格的判断。

（3）管理价格争议。

针对价格调整（如涨价）或差异化定价（如不同渠道的价格差异）提供合理解释，减少客户抵触。

（4）强化品牌定位。

通过价格传递品牌定位（如奢侈品的高溢价传递高端形象，平价品牌强调性价比）。

2. 价格沟通的关键场景

（1）新品发布。

解释定价逻辑（如成本导向、竞争导向或价值导向），突出产品创新点。

（2）动态定价。

如航空、酒店行业的浮动价格，需通过实时数据或供需变化向消费者说明合理性。

（3）促销活动。

通过限时折扣、捆绑销售等方式传递“紧迫感”或“超值感”，如“买一送一”与“5 折优惠”。

（4）应对竞争。

当竞争对手降价时，沟通强调自身差异化价值，避免陷入价格战。

3. 有效价格沟通的策略

（1）透明化。

避免隐藏费用（如附加服务费），清晰的价目表可提升信任（如特斯拉汽车的直营定价模式）。

（2）一致性。

确保线上线下渠道、不同区域市场的价格信息统一。

（3）故事化。

将价格与品牌故事结合，如环保材料成本高但体现社会责任。

（4）客户分层沟通。

针对不同客群（如价格敏感型与品质导向型）传递差异化的价格信息。

（5）利用数据支撑。

通过成本结构、市场调研数据或第三方认证（如节能认证）增强说服力。

4. 价格沟通的常见挑战

（1）消费者对价格敏感。

在通货膨胀或经济下行期，涨价可能引发客户流失，需提前铺垫。

（2）信息过载。

复杂的促销规则（如满减、跨店优惠）可能导致消费者困惑。

（3）渠道冲突。

线上低价可能损害线下经销商利益，需平衡不同渠道的沟通策略。

例如，某高端手机通过高价策略传递技术创新和高端品牌形象，同时用分期付款降低支付痛感；某时尚服装品牌强调低价优质，通过透明化成本（如简化包装）让消费者接受。

价格沟通不仅是告知价格，更是将价格与品牌价值、市场定位和消费者心理深度绑定。成功的价格沟通需要将定价逻辑、沟通方式和消费者洞察紧密结合，最终实现企业盈利与客户满意的双赢。

9.3 价格监控

价格监控是指对特定商品的价格进行实时监测和跟踪的一种方法。通过商品价格监控，企业可以获取到商品的价格波动情况，并及时了解市场行情，从而作出更明智的销售决策。

产品上市后，首发价格已经公布，后续只能在此基础上浮动。不过浮动的策略也是有很多的。涨价策略，可以搞饥饿营销，可以搞限量版，可以搞捆绑组合。降价策略，可以做优惠组合，可以搞季节性促销活动。

总之，通过后续营销手段，在首发价格基础上弥补不足，时刻做好产品价格管控。

市场竞争激烈程度不同决定了产品发展周期也不同，同时不同的行业也存在着不同的发展阶段和发展趋势，造成企业在发展中遇到各种各样的问题。因此，针对这些不确定性的因素就需要建立一套完善的价格监控与预警机制来及时发现潜在的风险隐患从而采取有效措施加以防范化解危机。

（1）建立价格监控体系。

企业可以建立自己的价格监控体系，如通过定期查看销售数据了解产品的价格情况。同时，还可以通过第三方价格监控工具来帮助企业更方便地了解产品的价格情况。

（2）设定合理的价格范围。

企业可以根据产品的成本、销售策略等因素设定合理的价格范围。如果发现有卖家以过低的价格销售产品，可以及时采取措施进行干预。

（3）关注竞品价格变化。

定期进行市场调研，了解竞争对手的售价、促销策略和市场反应。这有助于企业更好地了解市场价格趋势，并制定自己的价格策略。

（4）客户反馈。

通过客户反馈，了解消费者对价格的敏感度和购买意愿。这有助于企业调整价格策略，以满足消费者的需求和提高销售额。

（5）分析销售数据。

通过分析销售数据，了解商品的销量、销售额和价格走势。这可以帮助企业发现价格变化对销售的影响。在监控价格的同时，企业还需要根据市场情况和自身经营情况，采取相应的控价措施。

（6）及时响应价格问题。

如果发现有卖家违规操作或者低价销售产品，品牌方需要及时响应，采取相应的措施进行制止和惩处。这不仅可以维护自身的权益，还可以树立品牌方的形象。

第 10 章 产品价格调整

产品价格调整可分为产品控价、涨价和降价 3 种。

10.1 产品控价

产品控价是指通过一系列措施来保持产品价格的相对稳定，以达到维护品牌形象、保护市场价值的目的。在市场竞争激烈的今天，有效控价已经成为品牌经营和市场营销的重要环节。

10.1.1 产品控价的重要性

产品价格对消费者的购买行为具有重要的影响，不同的价格水平可能会导致不同的购买决策。正确地控制产品价格可以有效地帮助企业获得竞争优势，提高销售额和利润。企业控价对于品牌经营和市场营销至关重要，具体表现在以下几个方面。

1. 维护品牌形象

产品控价可以避免价格波动和乱价现象，保持产品价格的相对稳定，维护品牌形象和声誉。

2. 保护市场价值

控价可以保护市场价值，避免价格战和恶性竞争，确保产品价格的合理性和市场竞争力。

3. 提高销售效率

控价可以提高销售效率，避免消费者因为价格波动而犹豫不决，促进销售量的增长。

4. 促成当下下单

刚买完就降价的经历，每个目标客户或多或少都体验过。在选购商品的过程中，也自然会有此疑虑。而目标客户群的购买热情，往往又会快速消退。因而，以价格保护为卖点的宣传，能够让目标客户快速下定决心，在购买热情高涨时消费，使平台和企业的利益最大化。

总之，控价是品牌经营和市场营销的重要环节，通过合理的价格定位和控制，可以维护品牌形象、保护市场价值、提高销售效率。

10.1.2 销售渠道控价流程

产品渠道控价是指通过对渠道销售价格的监控和调整，保证产品价格的合理性和市场竞争力。

控价的流程有以下几个步骤。

1. 明确渠道定位

企业需要明确自己产品的定位和目标消费群体，然后根据不同的渠道特点，选择合适的销售渠道。

2. 制定合理价格策略

企业需要制定相应的价格策略，比如价格区间、促销策略等，以确保产品价格的稳定性和市场竞争力。

3. 监控价格

企业需要对销售渠道的价格进行监控和调整，及时发现和纠正价格波动和不合理的价格，确保产品价格的合理性和稳定性。

4. 调整销售策略

企业需要根据市场需求和竞争情况，及时调整销售策略，比如新品推出、促销活动等，以提高销售效率和市场竞争力。

10.1.3 有效控制价格的途径

随着市场的竞争越来越激烈，如何有效控制产品价格已经成为企业经营管理中一个非常重要的问题。产品价格是产品销售的关键因素之一，产品价格过高或过低都会对销售产生不利影响。

产品价格的控制通常有以下几种途径。

1. 降低成本

一般来说，可以通过调整生产成本和销售渠道、促销等方式来控制产品价格。如果要通过调整生产成本来控制产品价格，可以考虑降低原材料成本、加强生产管理、提高生产效率等方式。

降低原材料成本可以通过采购大宗原材料、寻求更好的供应商等方式来实现，加强生产管理可以通过更好地组织生产流程、优化工艺路线、优化生产设备等方式来实现，提高生产效率可以通过提高员工素质、培养技能、引进新技术等方式来实现。

2. 调整价格结构

调整价格结构是企业优化定价策略的核心手段，旨在通过重新设计价格组成、收费模式或产品组合，实现收入增长、成本覆盖或市场竞争力提升。

（1）调整价格结构的核心目标。

①提升盈利性：优化成本分摊，确保高价值服务获得合理回报。

②匹配客户需求：根据客户支付意愿分层定价，扩大市场覆盖。

③增强竞争力：通过灵活结构应对市场变化，如竞争对手策略、成本波动。

④简化复杂性：减少定价混乱，如过多隐性费用，提升客户体验。

（2）调整价格结构的典型场景，如表 10–1 所示。

表 10–1　价格结构调整的典型场景

场景	问题	调整方向
产品线利润不均衡	低利润产品拖累整体收益	聚焦高毛利产品
客户价格敏感度差异大	统一价格导致部分客户流失	分层定价（基础版 / 高级版 / 定制版）
成本结构变化	原材料涨价侵蚀利润	重新分配成本到定价的模块
市场竞争激烈	价格战导致利润压缩	捆绑销售或增值服务差异化
商业模式转型	从一次性销售转向订阅制	设计阶梯式订阅方案

（3）调整价格结构的6大策略。

①定价模型重构。从成本加成到价值定价，如软件公司从按开发工时收费转向按客户收入分成。从固定价格到动态定价，如出租车的高峰期加价，航空公司根据供需调整票价。

②收费模块拆分与组合。

解绑：将原打包服务拆分为独立收费项，如航空公司将行李托运与机票分离。

捆绑：组合互补产品提高客单价，如手机话费套餐含"流量+通话"补贴。

分层定价：例如某公司提供基础版10万元、增强版30万元、豪华版100万元3档不同产品，覆盖不同客户群体。

③支付方式创新。

订阅制：将一次性购买转为周期性收费。

按使用付费：适用于资源消耗型服务，如云计算。

分期付款：降低购买门槛，如汽车的免息分期付款。

④价格歧视。

基于客户属性：学生/老人折扣、企业批量采购优惠。

基于渠道：线上直营低价与线下经销商服务溢价。

基于时间：早鸟价、限时折扣、季节性促销。

⑤隐性成本显性化。将隐藏费用透明化以提升信任，如航空公司在购票页面明确显示税费、行李费，避免结账时价格突增。

⑥区域/市场差异化。

地理定价：根据地区经济水平调整价格。

汇率对冲：针对跨国业务设计本地货币定价策略。

（4）调整价格结构的关键。

调整价格结构并非单纯修改数字，而是通过系统设计实现价值传递、成本覆盖与客户需求满足的平衡。关键在于：

①数据驱动：基于客户行为与财务数据决策，而非直觉；

②灵活性：保留动态调整空间以应对市场变化；

③一致性：与品牌定位和长期战略深度绑定。

3. 使用促销策略

可以充分利用促销策略来进行控价。例如，商家可以开展限时秒杀、团购等活动，通过降价促销吸引更多消费者购买。同时，商家还可以设置优惠券、满减等促销手段，提高商品的竞争力。

4. 差异化定价策略

差异化定价策略还可以与市场营销策略相结合。例如，企业可以针对不同消费群体推出不同的促销活动，如针对新用户推出优惠券或满减活动，针对老用户推出积分兑换或会员专享优惠等。这些活动不仅可以提高消费者的购买意愿和忠诚度，还可以为企业带来更多的销售额和利润。

10.1.4 保持高价途径

价格的高低，十分影响目标客户群对于价值的评估。价格本身就具有附加值。那么如何利用价格附加值呢？

1. 利用价格的声望价值

比如 LV、香奈儿、保时捷等奢侈品，高定价本身就具有价值。这种声望价值并不仅仅出现在高价商品中，在低价的奶茶中也存在，例如同样都是喝奶茶，喝无糖的“鄙视”喝全糖的。

2. 利用价格的品质价值

价格可以在某种程度上体现出商品的品质。“一分钱一分货”，较低的价格有时会让消费者怀疑品质，比如下面几种情况。

（1）经验心理：如果一个顾客曾经对一个昂贵的商品有良好的体验，那么较高的价格看起来会比低价更能保证质量。

（2）成本加成心理：大部分消费者认为，价格和销售者的成本密切相关。消费者有一个成本加成的思维定式。他们认为销售者以原材料、生产费用、运输费用等成本为基础进行定价。

这种品质价值的衍生就产生了一种安慰剂效应。

10.2 涨价

产品的初始价格一旦确定，就很难再涨价了，价格记忆使得幅度再小的提价都会成为不购买的原因之一。如果希望产品涨价，需要巧妙地重构产品价值。

10.2.1 涨价前提

前段时期，某两家餐饮品牌因为涨价被骂上热搜，而后又火速道歉、降价。

产品卖得贵一点，为什么消费者不能接受，是因为消费者讨厌贵的东西吗？当然不是！

客户不认可涨价往往不是因为涨价本身，而是涨价理由不成立。那么，如何涨价才能不翻车呢？

记住一条原则：一切涨价行为必须要以提高产品的价值为基础。

简单说，就是不能直接坐地起价，要调整一下产品价值和服务，变成“不一样”的产品才能涨价。

什么情况下可以通过提高价格来提高销量呢？

（1）奢侈品：提高价格能够改善奢侈品的“炫耀”功能。奢侈品提高价格之后，在某些存在炫耀心理的消费者看来，它的性能也随之改善了。此外，人们往往认为价格高等于质量好，这样有时也能促进销量的增加。

（2）非奢侈品：消费者看到价格更高的商品，往往不是认为它卖贵了，而是认为它拥有更好的质量。这种办法对那些耐用的工业品而言尤为适用。提高价格，把额外的利润用于改善产品的性能或者改善售后服务。

（3）新技术产品：表明技术含量高。

10.2.2 涨价策略

1. 改变包装

最典型的案例就是乳制品企业，某牛奶品牌推出了梦幻盖包装，这种包装不用吸管，可以拧开瓶盖直接饮用。

尽管产品成分基本一样，但该牛奶品牌梦幻盖包装零售价格可以卖到 9.5 元 / 瓶，而利乐包的价格才 7.5 元 / 袋。

2. 改变尺寸

推出迷你版的产品和大包装的产品，是促销的手段，同时也是提价的方法。比如，一款饮料，500mL 卖 3 元 / 瓶，1L 卖 5 元 / 瓶。买 1L 装的饮料比买 2 瓶 500mL 饮料节省了 1 元，但实际上，两种尺寸的饮料成本可能没差那么多，但企业引导消费者买了看似合算但价格更高的产品。

3. 推出新口味 / 服务

一切新产品上市，消费者都是很难估价的，因为没办法作比较。新口味的酸奶、新功能的手机、新一季的服装，所有新的东西虽然都最难打开市场，但同时也最容易赚取利润。

4. 组合产品

经常见到的套餐式售卖，如手机流量套餐、麦当劳汉堡套餐等，套餐无处不在。因为套餐包含了多种产品，所以消费者很难准确估价。而且消费者只能按套餐里每款商品的零售价去核算套餐价格，他们没办法按照总体成本去核算套餐价格。

5. 变换价格

这一点运用最娴熟的是可乐饮料，在各种卖场里，可乐饮料的价格经常变换，有组合价格，有节日促销价格，有买一赠一的价格。总之，可乐饮料的价格在消费者的心里是模糊的，总是得不到它的准确价格。

某些餐饮企业，如果想顺利涨价，可以尝试重构一些菜品和服务。比如，主打新的组合套餐，替换原有套餐；研发几款新的菜品，作为热销菜品；用“菜品 + 赠品 + 购物券”的方式来作价格促销。

涨价的心理机制就在于要设法模糊消费者对原商品的价格锚点，让其看起来不一样。

一般来说，引起涨价的原因有两个：一个原因是成本上涨，考虑到通货膨胀，涨价的幅度一般会超过成本增长的幅度；另一个原因是需求过度，当供应无法满足所有目标客户群时，就提高价格来控制供应。

无论涨价的理由多么充足，都会有损销售。在这种情况下，应该想办法改变产品的呈现形式，让目标客户群不能在新旧产品之间作直接的价格比较，这叫作重构价格。

改变产品的呈现形式是手段，这么做背后的逻辑是什么？

定价的本质是为目标客户群的感知价值制定价格。无论是初始价格还是价格调整，都需要基于价值的感知方式。如果目标客户群的产品价值感知是没有变化的，或给顾客的价值认知并不足以支撑得起这个提价，产品想要涨价必然会被目标客户群认为是不合理的。

直接涨价后，销量可能并没有立即降低，但几个月之后却逐渐下降，需要充分关注目标客户群的反应，这包括从不同渠道去获取目标客户群反应数据，因为渠道不同，价格往往不同，购买行为也不同，这样的数据更有意义。

10.2.3　涨价技巧

1. 涨价幅度

什么样的涨价幅度合适呢？

幅度太小的话，这种紧迫感的感知就弱了；幅度大了的话，又容易劝退潜在消费者，消费者会觉得，就因为晚了一步，贵了这么多，干脆不买了。

经验看来，涨价幅度在 5% ~ 25% 比较合适。

2. 涨价周期

涨价周期是企业根据市场环境、成本波动、竞争态势及品牌战略，系统规划价格上调频率与幅度的过程。合理的涨价周期设计需平衡企业盈利目标、客户接受度与市场竞争力。

（1）影响涨价周期的核心因素，如表 10-2 所示。

表 10-2　影响涨价周期的核心因素

因素	说明
成本驱动	原材料、人工、物流等成本持续上涨，需通过涨价维持利润率（如食品、能源行业）

续表

因素	说明
需求弹性	客户对价格敏感度越低（如奢侈品、独家技术产品），涨价空间和频率越高
竞争格局	垄断 / 寡头市场可主动提价，完全竞争市场需跟随行业节奏（如航空业）
品牌定位	高端品牌可通过定期涨价强化稀缺性（如爱马仕年涨 5%～10%），大众品牌需谨慎
经济周期	通货膨胀期企业被动涨价，经济衰退期可能逆向降价促销
政策法规	政府价格管制行业（如药品、公用事业）需遵循政策周期调整

（2）涨价周期的典型模式。

①定期小幅调整。

适用场景：成本温和上涨、品牌溢价能力强。

策略：每年固定时间（如年末）上调价格 2%～5%，通过长期习惯降低客户抵触，例如某咖啡品牌每年涨价 1～2 次，平均幅度 3%～5%，配合新品发布分散注意力。

②成本触发型涨价。

适用场景：原材料价格剧烈波动（如石油、芯片行业）。

策略：建立价格联动机制，成本上涨超过阈值时自动触发调价（需提前合同约定），例如化工企业与客户签订“原材料指数化条款”，按月调整产品价格。

③产品迭代驱动。

适用场景：技术更新快的行业（如消费电子、软件）。

策略：通过功能升级（如某手机品牌新增摄像头技术）或服务增值（如某软件服务产品增加人工智能模块）合理化涨价。

④隐性涨价。

适用场景：直接提价可能引发客户流失。

策略：缩量不减价，减少产品容量；简化低价选项，引导客户选择高价版本（如某快餐品牌停售 10 元套餐）；附加收费，将原免费服务转为收费项（如航空公司行李托运收费）。

⑤区域差异化周期。

适用场景：全球化企业需应对不同市场通货膨胀率与消费力。

策略：高通货膨胀地区市场缩短涨价周期，成熟市场保持稳定。

（3）涨价周期的实施步骤。

①成本与市场监测：建立成本波动预警机制，如大宗商品期货价格跟踪；监控竞争对手调价动态，如爬虫抓取竞品价格数据。

②客户敏感度测试：通过价格弹性模型（PED）测算需求变化。

PED= 需求量变化 / 价格变化

如果 PED ＜ 1（需求缺乏弹性），则可优先涨价。

③选择调价时机。

旺季前：需求旺盛时客户对涨价更包容（如旅游季前上调酒店价格）。

行业集体行动期：跟随头部企业同步涨价（如造纸、水泥行业）。

合同续约窗口：企业在客户合同到期时重新议价。

④沟通与价值强化。

提前通知：对企业级客户提前 3 ~ 6 个月告知，消费终端客户通过广告传递信息。

价值捆绑：涨价的同时推出增值服务（如免费培训、延保）。

⑤动态反馈与调整。

跟踪调价后指标：销售额、利润率、客户流失率、NPS（净推荐值）。

建立快速回调机制：若市场反应激烈，可通过短期促销对冲（如涨价后首月提供满减券）。

（4）风险控制与应对策略。

①客户流失风险：对高价值客户提供“锁价协议”（如 1 年内不涨价），换取长期合同；推出低价替代产品线（如涨价时保留基础款产品）。

②渠道冲突：与经销商共享涨价红利（如返点增加），避免渠道抵制。

③舆论压力：针对公众敏感品类（如药品、奶粉），通过报告说明成本投入（如环保升级）。

（5）设计涨价周期的关键原则。

①前瞻性：基于成本趋势与市场预测制定 3 ~ 5 年价格路线图。

②客户中心：通过价值增强，而非单纯成本转嫁，降低抵触情绪。

③灵活性：保留短期应急方案（如成本骤降时暂停涨价）。

④一致性：确保涨价节奏与品牌长期战略（如高端化、全球化）对齐。

通过科学规划涨价周期，企业既能抵御成本压力，又能避免市场份额流失，最终实现利润健康增长与客户关系稳固的双重目标。

10.3 降价

降价是指商品本身质量没有问题，企业因为季节变动、供过于求等原因对商品进行降低价格处理，以扩大销售。

降价是一把双刃剑，虽然能短期内提升销量和客流量，但长期来看可能对品牌和消费者造成负面影响。企业在使用降价策略时需要谨慎把握尺度，结合市场需求和品牌形象进行综合考虑。通过精准的市场预测和品牌塑造，可以在竞争中获得更好的效果。

10.3.1 降价设计

1. 降价要“师出有名”

降价需要找出一个合适的降价理由，不能让顾客认为是商品卖不出去或质量不好才降价。

现实中降价通常有以下原因。

（1）季节性降价。

（2）重大节日降价酬宾。

（3）企业庆典活动降价，如新店开张、开业一周年、销售突破若干万元等，都可以成为降价的理由。

（4）特殊原因降价，如商店拆迁、改变经营方向、柜台租赁期满等。有的企业虽然一年四季降价不断，但每次都是名正言顺，降价次数虽然多了点，但也没有损害品牌形象；而有的企业打出的降价口号是“清仓大甩卖”“降价处理”，次数多了容易贬损自身形象。即使降价，也应尽量使用“折扣优惠价”“商品特卖”“让利酬宾”等给人较好印象的口号。

2. 时机的选择

节假日是企业降价促销的好时机。例如北京某商场曾经在元旦和正月初一这两天大降价，结果创下了日营业额的最高纪录。

另外，当某一类商品严重供过于求，降价是大势所趋、不可避免时，率先降价者能取得较大的市场优势。

3. 要取信于民

信誉好的商场降价顾客信得过，信誉不好的商场降价顾客信不过，所以在现实中不同的商家同样搞降价促销，效果会大不相同。

香港一些信誉好的精品商店、高档商店，每年都要定期搞商品打折，顾客在商场开门前就已挤满在大门之外，有的顾客甚至全家出动前去采购。正如一位顾客所说：“关键是商场的信誉好，不比有些小店，说降价20%，没准还往上调了10%呢。”该商场为了取信于民，每次打折前一周，都要用摄像机把柜台里商品的价格标签拍摄下来以证明降价的真实性。

4. 做好竞争准备

企业在降价前，必须考虑到竞争对手可能的反应，并做好应对的准备。

一般情况下，市场领导品牌率先降价时，其他竞争品牌会跟进降价；当同行中某个无足轻重的小品牌率先降价时，其他品牌可能会置之不理，或采取其他手段对其进行打击遏制。

为了避免降价引发同行之间的价格战，商家也可以采取一些变相的降价措施，如赠品、特惠包装、折价券、以旧换新等，把价格明降变为暗降。另外，商家之间可协商议定一个大家共同遵守的降价幅度。

还有一种做法是由行业协会牵头，实行“行业价格自律承诺”。例如，1998年7月，由中国农业机械工业协会牵头，农用三轮运输车行业中8家大企业积极参与，共同实行“行业价格自律承诺”。该承诺除了限定农用三轮运输车的最低市场售价外，还规定了对违规企业的处罚办法。这一行业的价格战之所以得到控制，在很大程度上要归功于行业协会作出的努力。

10.3.2 降价操作技巧

（1）一般情况下，降价幅度在10%以下时，几乎收不到什么促销效果；降价幅度要在15%到20%或以上，才会产生明显的促销效果；但降价幅度超过50%时，必须说明大幅度降价的充分理由，否则顾客会怀疑商品质量，反而不敢购买。

（2）一家商店少数几种商品大幅度降价，比很多种商品小幅度降价促销效果好。知名度高、市场占有率高的商品降价的促销效果好，知名度低、市场占有率低的商品降价促销效果差。

（3）向消费者传递降价信息有很多种办法，在降价标签或降价广告上，应注明降价前后两种价格，或标明降价金额、幅度，以证明降价的真实性。把降价标签直接挂在商品上，最能吸引消费者立刻购买。因为顾客不但一眼能看到降价金额、幅度，同时还能看到降价商品，两相比较权衡，立刻就能作出买不买的决定。

（4）消费者购物心理有时候是"买涨不买落"。当价格下降时，他们还持币观望，等待更大幅度的降价；当价格上涨时，反而蜂拥购买，形成抢购风潮。商家要把握时机利用消费者这种"买涨不买落"的心理，来促销自己的商品。例如某微波炉品牌实行"买一送三"的变相降价后，通过调查发现很多消费者还在持币观望，等待更大幅度的降价或变相降价优惠。于是改变策略，果断地宣布将在一个月后停止"买一送三"，让消费者感到机不可失，必须赶快购买。这一举措再一次大量地促销了该品牌微波炉。

10.3.3 降价原则

1. 控制好成本

市场营销的目的，就是把产品推销出去，最大限度地占有市场，增加产品的销售量和市场占有率，同时赚取尽可能多的利润。那种没有利润，赔钱赚吆喝的市场营销是没有生命力的，所以赚取利润是最重要的目的之一。影响利润的因素很多，其中成本因素很重要，在降价营销时，必须把握好，不能盲目杀价，应该考虑到产品的成本，在此基础上，进行一定程度的降价促销。

市场的营销者还应该在采购、促销方面降低费用，从而达到降低成本的目的。

2. 控制好品种

有的营销人员一搞降价促销，就全部降价，这是不科学的，应该把自己所营销的品种进行分类，确定哪些是可以降价的，哪些是不适合降价的，再确定是否降价和降价幅度。弄清楚某一个品种应该降价多少，才能吸引客户，使自己获得最大利益。因此在降价促销时，必须把好品种关。

3. 做好服务

任何产品的市场营销，都需要良好的服务支撑。只有做好服务，才能使自己的降价促销具有杀伤力。企业在市场营销时，一定要把价格促销与良好的服务结合起来，通过价格来吸引顾客，通过服务让顾客满意，做到相互促进、相互支持。如果没有良好的服务来支持，只是纯粹的降价促销，作用是有限的。

4. 要有重点

在降价促销之前，应该确定好降价促销的方向、目的、服务的人群、达到的效果等。因为每一次降价，都不可能让所有顾客满意，降价的品种也是有限的，因此一定要把握好每次降价促销的重点，比如在中秋节、春节，应该以高档礼品类为重点，每一次服务都必须明确重点，真正做到促销有目的、有效果。

10.3.4　降价策略

在产品高度同质化的市场，应该想方设法改变产品的呈现方式。如果不能找到方法，可能就需要被迫降价。在异质产品市场上，品牌拥有更多自主权，可采取以下几种降价策略。

1. 促销代替降价

通常而言，促销是提高产品价值的好方法，用不着降价。如果产品是新产品，让目标客户群没有后顾之忧的尝试，包括退款保证，不失为一种好方法；推出小型或简化版产品是实现降低价格销售的方法，而且也不会严重影响利润或破坏主打产品的感知价值。

2. 限时低价促销

时令产品销路不畅时，企业会开展限时低价促销活动。价格下调会吸引很多消费水平不高的顾客购买此类商品，这是一种不错的解决策略。

如果是耐储存的产品，限时低价促销活动往往吸引许多老顾客前来购买商品囤积，限时低价促销活动能促进销售额的迅猛增长。然而，在限时低价促销活动期间，销售额上涨是一种假象，是因为下个月的销售额提前生成了。

一旦限时低价促销活动周期结束，老顾客就会开始期待下一轮限时低价促销活动的到来。久而久之，公司不得不妥协，商品价格就不得不真正降低了。

3. 自动降价策略

美国某服装零售商在它的女装价格标签上都有 3 个价格：全国统一售价、本店售价和 30 天后的折扣价。这 3 个价格依次下降，这与现在很多商店在新品一上架就采用的降价促销有着根本性的区别。当采用这种自动降价模式时，很多女性顾客会为了时髦而立刻购买，当然也有许多人会一直惦记着等到 30 天后再来购买，因为熟悉服装行业的人知道，新品的价位也就维持 3 周左右，3 周后降价是大概率的。至于为什么要贴一个全国统一价，这就像某线上购物平台一样，平台的后台在商品上架时，会需要企业填写一个“市场价”，然后再填写一个“平台价”，然后会自动核算平台价是市场价的多少折扣，以此来吸引顾客，让其比较容易感觉平台的售价要比市场上的便宜。

除此之外，3 个不同的价格标签可以使不同价格敏感度的顾客较快地作出购买决策，同时激发了客流，也起到了带来回头客的作用。

自动降价机制的产品需满足以下属性。

首先，这类商品具有一定的时效价值。

其次，顾客必须很热爱这类商品，因此很感激拥有一定的折扣。

最后，正在打折出售的商品一定要显得与众不同。

最重要的是，要让消费者感受到这件商品的稀缺性，自动降价的方式才会起作用。

10.4　价格变动评估模型

涨价会带来什么影响？答：涨价了购买率可能下降，人均金额上升，至于涨价后总收入是多了还是少了，就得看两者的变化比例。这就是最基础的价格变动评估模型。

最基础的涨价模型：

总收入 = 总目标客户群数 × 购买率 × 人均金额

调整产品价格后总收入有所增加，才能算是效果良好。如表 10–3 所示，从 100 元涨价到 120 元，总收入增加了 8000 元，这是成功的。如果调价后的总收入或利润降低了，则调价是失败的。如表 10–3 所示，从 100 元涨价到 130 元后减少收入 9000 元，本次调价则是失败的。除非调整价格是带有针对性目的，比如清理库存。

表 10–3　涨价的数据验证

	价格 / 元	购买人数	总收入 / 元	变化 / 元
原价	100	1000	100000	
成功调价	120	900	108000	+8000
失败调价	130	700	91000	–9000

价格的敏感性，是可以事先测试的。在事先可以以优惠券为杠杆，以抽奖的形式测试目标客户群的购买率，从而一定程度上推断涨价 / 降价多少合适。但是这种方式更适合测降价，涨价的话，目标客户群本能的反感会比较强烈，所以不太适用。

10.5　优惠券管理

优惠券是降低产品价格，提升产品销量的常见工具之一。优惠券可以印在杂志的插页上，夹在报纸中随报附送，附在产品的包装上或放置在商店中让人索取，有时甚至可以派人在街上分发。

10.5.1　优惠券的种类

优惠券起源于 19 世纪 20 年代末的法国，但是优惠券得到广泛应用和发展是在美国。1894 年，可口可乐公司的创始人手工书写了第一批优惠券用于促销。由于效果显著，优惠券作为一种促销工具被商家及厂家逐渐认识并采用。2011年，美国每个家庭使用优惠券300张，优惠券发行量达千亿张，其普及程度可见一斑。单页派发式的优惠券在很长一段时间内盛行且被诸多商家所喜爱的原因是其具有立竿见影的效果。

随着科技的不断进步，承载优惠券的平台日益电子化，按照介质可分为电子优惠券、纸质优惠券、银行卡优惠券。

按照使用分类：

现金券——消费者持券消费可抵用部分现金；

体验券——消费者持券消费可体验部分服务；

礼品券——消费者持券消费可领用指定礼品；

折扣券——消费者持券消费可享受消费折扣；

特价券——消费者持券消费可购买特价商品；

换购券——消费者持换购券可换购指定商品；

通用券——拥有以上所有功能。

随着促销商家越来越多，消费者收到的各种优惠券琳琅满目。传统优惠券因其使用功能单一，实际价值不高，不能累积使用及容易遗忘过期，已无法满足消费者和商家的需求，于是出现了一些新的优惠券模式。

1. 电子优惠券

指通过各种电子媒体（包括互联网、短信等）制作、传播和使用的促销凭证，如某网络平台发布的二维码及图片集成的电子优惠券，以电子打折券、电子代金券为主要形式。电子优惠券有别于普通纸质优惠券，制作和传播成本低，传播效果可精准量化。

2. 促销券

促销券按计价形式分为2种。

（1）打折券，一般指消费发生时，消费者可凭打折券在商家公开的清单价格基础上，按打折券规定的比例折扣计价。比如说8折优惠就是在清单价格基础上打20%的折扣。

（2）代金券，一般指载有一定面值的促销券。比如100元代金券，指的是消费时使用该券可以抵用100元现金。

优惠券的目的是帮助商家在短时期内，对消费者以让利形式进行促销，所以商家发放优惠券必须注意以下 2 点。

（1）让利的幅度必须适度，从而达到增加销售量的目的。也就是说让利幅度需要足够大才能吸引消费者，但也不可过分打折而损害总体销售利润。如果让利带来的新增利润不及在老客户身上损失的利润，销售总体利润就会下降。所谓让利，应该是在单位数量的货品或服务上让利，但销售总利润应该不减少。

（2）让利必须是短期的。商家必须让消费者对这一点有清楚的认识。否则，消费者就会把优惠促销当成了降价。以后商家再想把价格提升回原有的水平就不可能了，因为消费者已经完全接受了降下来的价格。

优惠券的本质其实是短期刺激消费的措施，它与积分刚好构成了日常营销的基本工具。消费者使用优惠券的目的不言而喻，当然是为了省钱。而同时，也为商家做了无形的广告。相对于纸质媒体的局限性，电子优惠券依托互联网发展，消费者能通过强大的网络搜索实现海量的信息搜索，同一优惠信息可通过多种路径搜索获取，信息平台提供按行业类别、商圈分布、价格范围、人气指数等关键词的搜索，这种交叉性搜索满足了消费者信息比较的需求。一些商家还会同时提供多种优惠信息，满足不同需求的目标消费者，也给商家带来了更多收益的可能性。电子优惠券是以消费者的主动请求为前提，是消费者在自我感知到有此类消费需求的时候，为寻求价值剩余而产生的行为。消费者从被动地接受人工派发的纸质优惠券发展到主动在互联网上搜索优惠信息，获取电子优惠券，使消费者付出了收集信息的成本，包括时间成本及机会成本。被动地接受纸质优惠券就不存在搜寻成本带来的刺激效应，使电子优惠券的使用率大大高于传统优惠券。

10.5.2　优惠券的设计技巧

优惠券是扩大影响力的有效方式，好的优惠券设计有助于产品的宣传，设计技巧有以下几种。

1. 设计图案

优惠券的图案风格要与自己产品的定位相匹配。可以放上自己公司或品牌的 Logo。有趣的图案可以为优惠券增添视觉趣味。可以将图案用作背景，并添加大字号的文案。

2. 保持品牌视觉识别

优惠券需要突出自身的品牌标志，这也是为什么它们能够成为强大的营销和广告工具，企业可以用优惠券来吸引新老顾客。

像对待其他任何品牌触点一样对待优惠券的设计，保持与品牌视觉识别的一致性。如果收到优惠券的是新客户，需要给人留下好的第一印象。

在优惠券的正面设计和组织元素，在反面填充颜色，然后将你的品牌标志放在居中或突出的位置，这样就能做出简洁美观的画面。

3. 创建设计模板

优惠券是独一无二的，它们既是产品又是营销工具。在设计和制作模板以搭配不同的产品和文案时，请记住这种双重性。

有了固定的模板之后，遇到促销活动时，更换数字和文案会变得非常简单，无须重新设计，既保持了风格的一致性，也增加了本公司的识别度。

4. 尝试极简主义风格

有意地减少设计元素的使用，仅仅使用极简主义风格必不可少的元素。如果版式布局看起来非常鲜明，可以使用线条来标注突出文字信息或者其他设计元素。

人们倾向于将黑色与优雅、独特和精致联系起来。对于高端产品来说，可使用经典的黑白配色。黑色和白色是经典的配色，能够表现优雅、严肃、高级等氛围，而不必担心颜色不再流行或者色彩趋势过时。

5. 保持色彩简单

如果优惠券只在短期内使用，且需要快速完成设计，可以通过限制使用颜色来保持简单。例如，使用黑色、白色和明亮的强调色这样的三色搭配，使用强调色来突出重点，确保受众不会错失信息。

使用三种颜色的配色方案时，可以为每种颜色分配一个角色（例如主导、辅助和强调），或者以相同的比例使用色彩，这样可以更容易地设计和排版。

6. 使用复古风格

平面设计常常参考过去时代的美学，例如维多利亚式的风格、新艺术运动风格，并结合现在的流行趋势，重新阐释、解构和运用。老式的剧院门票、音乐会门票都可以借此获得设计灵感。

7. 使用引人注目的字体

应用大字号、粗体字体的文字，可以让信息传递更加高效。可以对想要强调的文字或者巧妙的名言应用这种样式，以获得有趣的视觉效果。

8. 增加优惠券的互动性

优惠券不必只是一张写有折扣数字的纸，增加优惠券的互动性和趣味性可以令人印象更加深刻，增加人们使用优惠券的可能性。例如，使用有趣的折页设计或者在光滑的纸张上添加任何可以探索的元素都能让优惠券变得独特。

9. 使用特色插图

设计一组插图来为优惠券封面增光添彩。如果促销主题是具体的产品，例如服饰、食物等，可使用描绘本公司产品的插图。如果促销主题是某种服务，例如咨询、课程等，可使用能够代表服务对象的插图。

10. 以字体为中心

围绕字体来设计优惠券，通过组合不同的字体家族、字体和字体大小来建立视觉层次结构，让信息传递变得更加简单，同时也能增加视觉趣味。

请记住，重要的元素，例如店铺名称、营业地点等信息需要使用较大的字号显示，其他辅助信息可以应用较小的字号。

11. 使用一种颜色

选择一种品牌颜色，然后单独使用这种颜色来设计优惠券。可以用同一色调中的不同饱和度的颜色来设计一系列优惠券。

12. 使用边框

边框是一种简单又快速的设计技巧，可以为作品增加视觉趣味。可以使用与品牌视觉标识相关的元素创建边框，也可以使用复古花边，还可以使用简约的线条边框。

13. 使用明亮的颜色

可以使用明亮美丽的颜色设计优惠券，增加吸引力。例如，在正面使用鲜艳的颜色作为纯色背景，在背面使用这种颜色的填充文字或者设计元素以突出重要细节。

14. 使用与季节氛围相符的颜色

从季节或者你所在的地区获得色彩灵感。如果要为节假日设计优惠券，可以选择能够烘托节日氛围的颜色。例如，设计圣诞节主题的优惠券，红色和绿色是常见的调色板。

15. 尝试印刷工艺

如果有时间和预算，可以考虑尝试使用一些印刷工艺。例如烫金、凸版印刷，这些工艺可以赋予设计一种特殊的、定制的触感，让优惠券给人的感觉更加高级。

16. 使用有趣的纹理

纹理是一种可以显著增强设计表现力的简单办法，可以在光滑的纹理背景上放置品牌标志，还可以使用品牌元素或字体轻松制作图案纹理。

每一个场合都是赠送优惠券的机会，无须等到特定的时间，什么时候都可以从优惠券营销中受益。或者，如果想提高品牌在网络中的影响力和参与度，还可以将它们用作促销活动或者社交媒体活动的奖品。

10.5.3 优惠券发放应用

优惠券可以更好地留存目标客户群使其成为品牌私域，从消费心理上来看，优惠券造成的价格前后对比也更容易使目标客户群产生占到便宜的满足感。

1. 优惠券的应用

在选定优惠券作为主要促销方式时，不同品牌在发放方式上也呈现出两种不同的思路。

一种方式是通过线上向目标客户群的个人账号发放优惠券，将目标客户群从公域拉入私域进行运营，并提醒目标客户群复购。比如，A 咖啡品牌“百城千店”活动进展之时，小程序界面还有“添加福利官好友，立享 6 张 9.9 元全场任饮券”的优惠字样；B 咖啡品牌的“万店同庆”活动里，也是由福利官持续地向目标客户群推送优惠券信息，提醒目标客户群使用优惠券进行消费。

另一种则是在线上平台和直播间售卖优惠券。比如，A 咖啡品牌在线上平台团购卖 8.8 元的新客任饮券，两周卖出了 200 万张，之后又推出了 9.9 元的三选一团购券供老客户复购；C 咖啡品牌也在直播间卖 9.9 元的鲜萃系列优惠券；D 咖啡品牌则不仅有 9.9 元的咖啡券，还推出了 0.1 元的尝鲜活动，每天会在线上平台发放 3 万张优惠券，线上平台可以帮新品牌积累非常大的目标客户群基数。

团购业务确实可以以较低的成本为门店带来平稳的日销增量。A 咖啡的区域拓展经理曾透露，参加线上平台团购活动，平均每个门店会上涨 10% 到 20% 的单量，或者说平均每天会增加 100 ~ 200 单。

另外，线上平台团购和直播间可以吸引目标客户购买优惠券，以消费倒推需求的产生，帮助品牌触达更广泛的非计划性消费人群。而这些通过线上平台吸引的目标客户则可以在品牌将线上平台本地生活订单与其私域打通后实现沉淀。比如目标客户在线上平台购买的 A 品牌优惠券就可以自动存在 A 咖啡 App 的个人账户里。

2. 优惠卡

相比于优惠券，以锁定复购为目标，办优惠卡是一种更能提高目标客户群黏性的方式。

某两家西式快餐品牌都推出了咖啡包月卡，前者可以使目标客户享受当月不限次数的 6 折优惠，后者可以使目标客户享受 5 元一杯的美式或拿铁等咖啡。

办一张卡，目标客户就相当于是品牌的人了，再加上消费越多优惠越多的心理暗示，为了能够最大程度享受优惠，目标客户也会主动创造消费机会进行复购。

第11章 动态价格管理

动态定价策略是指在一定的市场环境中，供需双方为达到平衡而作出的价格调整。动态定价并不是新概念，在日常生活中的使用非常广泛，而且影响着每个人。

春节期间，蔬菜普遍贵了，原因就是供应少了，所以蔬菜的价格上升，只是在互联网情况下，这种变动会更快、更敏捷。

11.1 动态调价寻求价格组合

案例分享

鲜花订阅，是一门用低价做消费场景拓展的生意。鲜花的消费场景分为日常消费、婚礼、会议、节日、庆典等。在中国，鲜花在日常消费中占比5%，而在欧美等其他国家，鲜花在日常消费中占比30%以上。

中国的鲜花订阅起步于2015年，如采用99元每周1束花的模式。每周1束花的模式，提倡的是“鲜花是日常消费品”，这和某咖啡品牌是几乎一模一样的模式。因为中国的咖啡饮用占比较低，有增量市场，所以可以实施持续价格补贴的策略。

该咖啡品牌采取的就是降价促销策略，平均每杯咖啡定价30元，然后用各种券、买一送一、充值等补贴到10～15元。该咖啡的定价对标市场领导者——星巴克咖啡。目标客户群对于星巴克的认知是20～30元，所以当该咖啡在品牌建设、门店建设等对标星巴克后，目标客户群也会不自觉地将两者价格带划上等号。某品牌咖啡与某鲜花品牌的售价构成如图 11–1 所示。

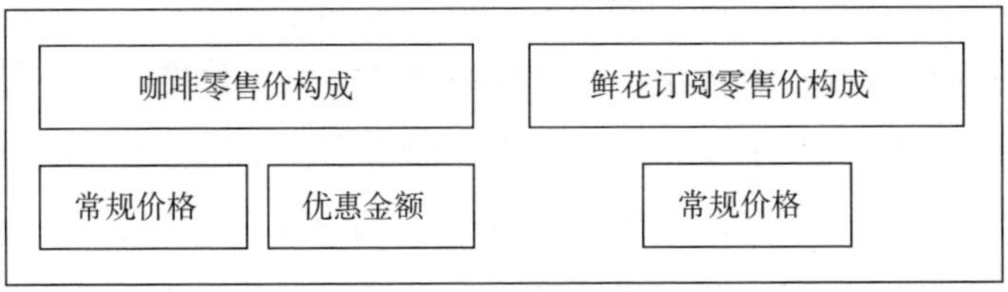

图 11–1 某品牌咖啡与某鲜花品牌的售价构成

该鲜花品牌的产品最开始定价大概是每周 100 元，创业者觉得已经挺平价的了。因为当时一束礼品花的客单价在四五百元，已经是 20% 的价格进入市场销售。但平不平价有时不由企业决定，而是由目标客户群决定。

如果市场不能接受 100 元 / 周，那么就需要一点点开始测试。从 100 元 / 周，到 50 元 / 周、30 元 / 周，最终发现 25 元 / 周，即 99 元 / 月是一个快速刺激市场的价格，说明这是一个能让大家觉得可以尝试的价格。

同时，鲜花行业是一个层级链条长、环环加价的行业。如果整合得当，则存在很大的价格空间。鲜花订阅行业通过建立定制化“生产 + 签约 + 干线 + 智能鲜花加工厂 + 末端配送”系统，建立完整的供应链体系，让 25 元 / 周成为可能，如图 11–2 所示。

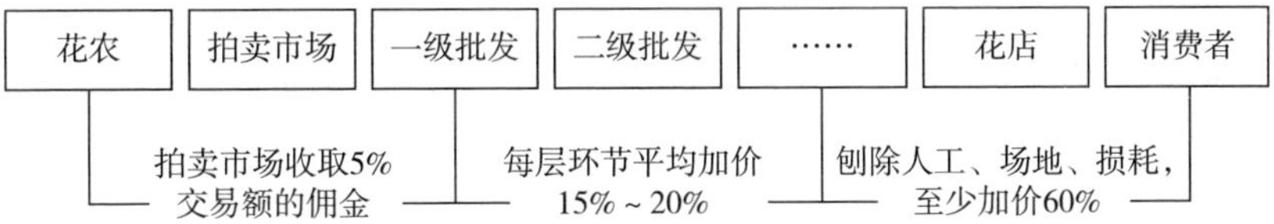

图 11–2 鲜花供应链

11.1.1 实现价格差异化

新产品推广、短时促销策略制定、产品线延伸等其实都和需求价格曲线分不开。大部分情况下，随着价格的升高，购买的顾客减少。

如果鲜花使用统一定价法，会让原来愿意支付高价的人少花钱。比如当定价 10 元时，那些 20 元也会购买的人，降价支付了 10 元。相比统一定价，扩大销售额更好的方式是针对想支付 10 元的顾客定价 10 元，针对想支付 20 元的顾客定价 20 元，实施差异化定价。

频繁的降价促销策略就是差异化定价的一种。咖啡有买得越多价格越便宜的价格阶梯，如买二送一、买五送三等，有不定期发放的折扣券、立减券，有门店立减优惠……这都是为了实现差异化定价。

同时咖啡和鲜花订阅，不同的消费频率和产品种类决定了不同程度的价格不透明性。鲜花订阅 1 个月付款 1 次而且产品类别单一，而咖啡的产品类别多，消费频率更高。这些情况决定了目标客户群消费场景的多样性，实施价格差异化会更加容易。

11.1.2 市场上存在“价格影响价值”的情况

传统的理论认为消费者是理智的，对于消费者来说，愿意支付的价格等于预期得到的价值。现代理论发展认为消费者存在非理智消费的情况，价格的高低十分影响目标客户群对于价值的评估。

心理学家西奥迪尼讲述过一则发生在亚利桑那州一家珠宝店的故事。

这家珠宝店的一些绿宝石饰品一直卖不出去。有一次店主要出远门，出门前他随手给店里的售货员写了张条子，上面写着“假如仍卖不出去，那么价格 ×1/2”，他打算赔本卖掉店里的绿宝石。

几天后，店主回来了，发现店里所有的绿宝石都卖完了。原来店主的字条写得太潦草，售货员把 1/2 看成了 2，结果这批珠宝非但没有半价出售，反而以原先 2 倍的价钱卖了出去。

价格本身就具有附加值。价格自带的价值包含声望价值（价格是身份和社会威望的标志）、品质价值（价格可以直接显示出商品的品质）等。

对于某品牌咖啡来说，如果不选择先高定价然后降价促销的策略，就会和便利店的现煮咖啡成为同类产品。对于鲜花订阅行业来说，如果不选择天天低价，就会在生活类鲜花这个场景中反响平平，为了迅速占领市场，需要采取极低价格。

低价格可以迅速扩大市场，高价格可以带来高利润。但是，高价需要耐心等待相当长的一段时间，才能让客户们了解商品的品质，并认可它的品质和价格成正比。

11.2　基于供需的动态调价

基于供需的动态调价是基于市场这双"无形的手"，动态调价的适用场景只要是涉及平衡供需，都可以考虑酌情使用。

某打车软件在乘客叫车的时候，会事先对里程和时间进行估算，并结合动态加价的系数，生成一个一口价车费。而一口价车费的普及极大地拓展了其在定价方面的产品空间，从而可以根据该打车软件所知的目标客户群信息对不同目标客户群有不同的定价策略。航空公司、酒店也会根据旅游高峰期的供需状况进行动态调价，那为什么大家对该打车软件的反应会这么激烈呢？因为司乘两边的信息不对称，在用车高峰时司机能通过平台提供的信息和自己的经验，知道哪个区域加价并进行选择；而乘客却不能对该区域可接单的司机数作判断，是算法在幕后决定着价格。而且在用车困难的时候提高价格，会让人们把本来对司机的抱怨转嫁到该软件公司的头上。最终导致的结果是，出于对平台的不信任，一些出行的目标客户干脆就不通过该软件打车了。

该打车软件可以提前基于大量、实时的数据建模、优化，赋予系统估算需求的能力，识别出回报率最高的接客时间和地点，并给出建议。如果能提前把车从一个供大于求的区域转移到供小于求的区域，这对整体市场的供给也是有所改善的。

下面通过一个简单的模型分析一下整个变动过程，如图 11–3 所示。

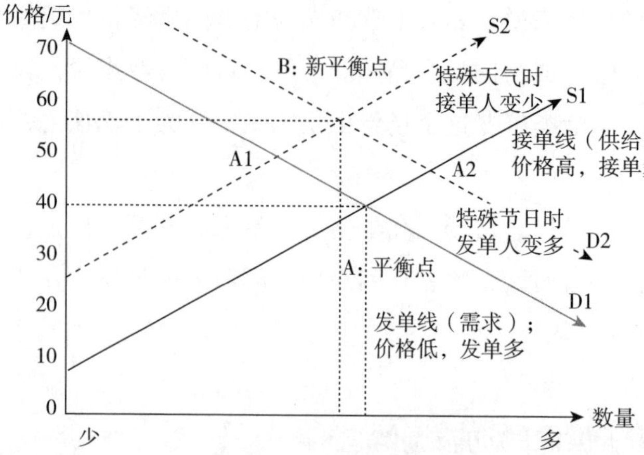

图 11-3　动态调价原理

S 线：表示接单人（供给），也就是司机师傅，价格越高，接单人越多；

D 线：表示发单人（需求），也就是打车人，价格越低，打车人越多。

1. 情况假设

（1）假设从 M1 地点到 M2 地点的正常价格为 40 元，在这种情况下，刚好达到 A 的均衡点，所有的人都可以打到车，所有的车也刚好都拉到人。

（2）假设遇到了糟糕的天气，司机师傅变少了，S1 线上移变 S2 线，打车人并没有变，于是产生了价格上涨，部分打车人打到了车，而部分打车人因为价格上涨退出了打车的行列，这时达到了 A1 的平衡点。

（3）假设遇到节假日，打车的人突然增多，而司机并没有增加，这时线 D1 上移，因为加价让更多的司机加入进来，从而达到了新平衡点 A2。

（4）假设（2）、（3）情况同时发生，即司机减少，而打车人增加，这时两条虚线相交点，便是新的平衡点 B。

价格的上涨促使产生了两个结果：更多的司机加入进来，部分打车的人因为价格问题选择其他方案。

在此基础上，当再加入平台补贴、抽佣以及其他一些奖励制度的时候，情况将变得更加复杂，并且会产生无效损耗，但总是会调节供需双方达到一个合理的平衡点。

2. 动态调价策略的利弊

（1）在有了理论支持以后，再回过头来看这种策略的有利点。

①平台通过技术手段自动调控，能够最大限度地调动供给方的积极性，提升达成率。

②目标客户群了解了规则以后，会自发调节出行时间，避开高峰，从而服务双方更合理平衡。

③实现自调度，降低了平台的调度和维护成本，每一个个体都会为整个系统贡献自己的力量。

（2）弊端。

①因为要付出更高的价格，部分目标客户群选择不打车，而改用其他方式。

②如果希望每位打车的人都能够打到车，这个方案显然是不能实现的，也就是说这并不是一个完美的方案。

以供需关系来定价的算法虽然可以帮助企业实时调整价格以实现利润最大化，但频繁变化的价格可能会疏远客户，损害客户忠诚度和品牌声誉。这其实是在说 3 件事情：

（1）价格变动过于频繁，影响目标客户群的品牌感知；

（2）企业进行价格变动的动机讲述得太直白，让客户站到企业的对立面，觉得被“割韭菜”；

（3）消费者不知道价格波动范围，也没办法知道价格什么时候会变动，消费充满不确定性，一个简单决策往往变得更加复杂，这会让消费者难以下定决心购买。

11.3　基于时间的产品价格管理

产品上市一段时间后，如果市场的反应不一，可能需要不断调整价格。特别是对一些新进入市场的产品，需要基于时间配合产品营销调整产品价格，以获取不同区间的客户，赚取最优利润。

基于时间的价格运营，是被企业运用得很广泛的一种价格手段，可操作性比较强，时间单位可大可小，价格调节幅度可大可小，结合季节属性变化可随意支配，可创新性地设计消费项目，适应消费者多样化需求。

基于时间的价格策略维度多样，可以操作的策略可分为高开低走、低开高走、随行就市、充值或预支付、高峰 / 低峰时段调价等几种。

11.3.1　高开低走价格策略

如果把价格的变化连成线，线条呈现下降的趋势，就是一个高开低走的价格运营策略，这是随着时间推进不断调低同一款产品市场销售价格的手段。

对于一款新产品或者老产品进入一个新市场来说，高开低走的产品价格策略是一个比较好的方案，因为可以起到试探市场真实购买需求的作用。高开低走的价格策略是对初期市场价格调研的一个补充，可以帮助企业找到产品最真实的价格，是品牌和产品定位与市场接受度、产品价格、市场份额与利润博弈的体现。

采取高开低走策略的产品，入市时开始攫取大量利润，之后逐步调低价格，覆盖更多人群，获取更多利润额和市场份额。对于高频刚需的产品，特别是消费周期短又有季节性的生鲜类产品，也可以使用高开低走的价格策略进行消费者的筛选和消费意愿的引导，但是价格周期需要基于消费周期——几天或者一周进行调整。

高开低走的价格策略会对客户群体进行主动筛选，消费习惯也会被培养起来。对于那些品牌意识特别强的企业，操作这样的价格方案前，应该有足够的应对品牌客群转移风险的方案，包括客群转移应对方案、价格调整时机把握方案、品牌价值弥补提升手段等。

选择恰当的价格调整时间，才能最大化发挥价格调整带来的积极作用，甚至推动产品的消费市场逐步下沉。

11.3.2　低开高走价格策略

低开高走的价格策略是指产品在推广过程中，其价格采用入市时较低、逐步走高的方案。这样的策略，比较适合市场需求不明、有一定创新性和市场前瞻性的产品。

例如房地产企业，如果地块位于未开发地带，因为没有足够的市场参考，价格无法预知，市场预期无法获取，为了培育市场，一般会运用低开高走的价格方案。低价入市，市场培养起来后，价格会基于楼盘的销售周期不断调高，打开了市场，也同步抬高消费者的预期，拉高利润空间。

低开高走的产品价格方案，可以帮助企业快速抢占市场，又可以带来品牌价值的逐步提高，同时带来利润率的逐步攀升。

受到产品属性的限制，低开高走策略只是价格在一定范围调整的手段，不是产品从低端推向高端的产品开发策略。

11.3.3 随行就市价格策略

随行就市的产品价格策略是指产品的价格随消费者接受程度、产品的功能角色变化、竞争对手的产品价格变化而采取价格或低或高的调整策略。产品价格随着时间的变化呈现无统一方向变化规则的调整，或者是时间的无规则，或者是价格变化的无规则。

亚马逊平台采用这样定价方式的产品比较多。同一个产品在不同时间段浏览的价格可能是不一样的，消费者感知到的机会完全是随机的。价格变化逻辑里面，纠缠了时间、产品尺码、颜色等维度，呈现无规律可循的现象。

对于工业化产品完全随行就市的定价策略，国内企业使用得还比较少，因为消费者很难厘清真实价格变化趋势，体验不好，甚至可能遇到刚刚买完就降价的情况，因此持怀疑态度者居多。

对于那些产品数量足够大、竞争充分的产品，其价格变化足够频繁，搭配一定的营销策略时，对引导消费者购买欲望是有推动作用的。而如生鲜产品价格的随行就市，虽然是随机变化，但是人为干预的因素较少，主要是市场需求与供给关系推动造成的，不能认定为一种价格策略。

11.3.4 充值或预付价格策略

所谓的充值或预支付价格策略，是企业在产品正式推向市场前或者被使用前，推出的针对预先支付购买的人群单独定价的方式，一般是预支付享受折扣的方式。消费者虽然获得了折扣，但是也付出了时间成本。

预支付的方式屡见不鲜，客户提前支付的时间成本很高，一定的折扣是非常合理的。对企业来说，预支付可以为企业提前带来现金流，也可以借此锁定客户，这是一个对企业非常有利的价格手段。只要企业经营是安全的，对双方都是有利的。

对于酒店等的预订方式，因为产业竞争激烈，提供低价预订可以很好地提高酒店入住率，而利润主要从临时的刚需消费客户那里赚取，这样对酒店经营者来说可以实现利润最大化。

充值或预支付的产品价格方案，一般会在竞争极其激烈的产业里被使用，用以获取客户。产品价格策略和企业经营目标、产品属性特点等都是息息相关的，对于刚需产品则不适用，比如坐高铁出行是刚需，且坐高铁出行时间准确、竞争者少，就不需要牺牲利润做预订折扣来获取更多客户了。

11.3.5 高峰 / 低峰时段调价价格策略

高峰 / 低峰时段调价价格策略是指产品根据使用的高峰 / 低峰时段制定产品价格的策略。因为产品使用行为一般都可以在时间维度上拆分，可以回归到产品使用时间维度上调整产品价格。

对于一些流量型的产品，为了扩大市场销售，一些商家纷纷在重要的节日期间降低部分产品的价格，以抢占市场、减少库存、加快资金周转，进而提高企业经营效益。高峰时间段降低产品价格可以获取更多客户，培养客户的使用习惯，以便抢占市场；低峰消费时间的需求更加刚性，提高消费价格不仅不会造成客户流失，还可以获取更高利润。

对于刚需产品，则适合采取高峰高价、低峰低价的价格策略。例如对电力进行分时段计价。最典型的分时电价就是目前很多地方已经推行的峰谷电价。新的分时电价机制把一天 24 小时分成高峰、尖峰、平段、低谷、深谷等多个时段，每个时段的电价都不一样。高峰时候实行比较高的价格，低谷时候实行比较低的价格，尖峰电价就是在高峰电价基础上再提高 20%。这个政策能够有效地降低尖峰负荷。

高峰 / 低峰时段调价是为了满足企业经营目标达成的价格方案，对不同时段内消费行为背后真实需求的挖掘、辨别是完成高峰 / 低峰时段调价价格策略至关重要的一环。

11.4　基于空间的产品价格管理

不同区域的消费特点不同，不同场景下对产品的需求程度不同，消费欲望被激发的方式也可能不同，产品被感知到的价值不同，所以产品价格应该作一定区分，这就是基于空间进行产品价格调整的机理。

基于空间的价格策略，是通过对场景价值、产品传递的价值、消费需求程度、需求满足程度的区分进行价格调整，从而带动产品消费。

11.4.1　拍卖式的价格策略

拍卖式的价格策略并不能准确地归类，是一种个性化的区分定价，是根据不同人员、不同的消费情况而寻找最优价格的过程。

随着互联网的发展，拍卖式的销售被越来越多地使用。人们根据自己的需求来议价，卖方根据自己的意愿判断是否接受，价格的谈判似乎回到最原始的状态。例如二手产品交易网站，需求双方按照多对多的类似拍卖的方式磋商价格，最终会在一个满意的价格中达成交易。

拍卖式的价格策略可以成为很多无法定价产品的销售方式。新发售产品采用这样的方式销售，企业可以获得更加准确的市场数据。对于充分竞争的市场，企业可以通过把定价权转给消费者的方式，转变销售的主动权，从而更好地实现产品销售。

11.4.2　变化消费单位的价格策略

变化消费单位是指创造新的消费单位，或者变换消费的传递单位，通过变换常规的价格计费方式，让客户觉得更便宜、更值得。

例如微信的打赏功能采取了变化消费单位的策略，改变了传统的单篇文章支付固定费用的方式，取而代之的是消费者按次打赏的方式。对消费者而言，这个单位的变化带来的是产品定价权的转移，刺激了消费者的消费欲望。

变化消费单位的价格策略是一个创新的价格方案，对产品的差异化要求比较高，提升了消费需求满足程度的感知。依据真实需求创新的消费单位，会对消费产生积极的推动作用。

11.4.3 消费地点差异的价格策略

基于消费地点差异的价格策略分为统一价和差异价。统一价是指所有消费地点和场景的价格统一，全部按照同一个价格销售；差异价则指根据消费的场景、消费地点的消费水平差异化而采取不同的产品价格。

一般基于消费地点差异的“一地一价”有风险，比如当不同地点的跨距离成本不高且无法超过产品价差的时候，容易产生“串货”，造成企业的利润流失。一地一价应该采取的是“一地一品一价”，用产品的差异化驱动价格的差异化，而不是同一产品在不同城市不同价。例如某电商平台官方打造的社交电商供应链平台，对服务社区、社群、社交电商，采取“一时一城一品一价”措施，即在同一时间段同一城市，同一款产品以相同的价格只供给某一个平台。

差异的价格策略可以获取差异的目标人群，利润也可以获得比较好的保障。随着消费数据的丰富，基于不同消费场景和地点的差异化产品定价是一种消费趋势。

11.5 基于客户的产品价格管理

客户是价格的直接受众，根据客户的不同，企业区别制定产品价格是非常有效的。这是一种精细化的价格运营策略，其基础是客户可以按照某一维度实现分层或分组。

基于客户的产品价格管理是基于客户的分类进行价格的分层，对某一类人群采取更高或更低价格的方式，其具体模式有会员价格、拼团价格等。

11.5.1 会员价格策略

会员价格策略是指企业通过向客户中的一部分人收取一定额度的会员费，为其提供更有竞争力的价格和其他附加服务的价格方式，可以刺激会员更高的消费，同时吸引更多会员加入。

会员价运作，是企业客户达到一定数量但增长放缓后锁定客户的方式。会员价格提高了客户的忠诚度，可以拉高客户留存，可以进一步刺激客户的消费，满足客户的需求，同时也带动品牌自身的升级和内部管理的创新。

会员价格策略在社交电商大放异彩，社交化的会员价格创新，让其成为发展的利器。但是会员价并不是万能的。会员权益的设置与客户消费额、消费频次等都具有不可预知性，实操难度较大，很可能给企业带来利润的损失。同样，另外一些企业企图通过会员权限的进一步区分，逼迫客户消费升级。这样的做法，在竞争充分的产业市场可能造成客户的流失。

基于会员制的创新还会继续，更多形式的会员权益被创造出来，更多的会员价格运营方式也会不断被创新出来。

11.5.2　拼团价格策略

拼团价格策略典型的案例是大家熟悉的拼多多。这种价格运作方式的核心是规模效应，即买的人越多价格越便宜。拼团价格策略实质是“薄利多销”的变形，只是转移到线上后，产品费用因物流等相关费用的减少，可以操作的价格空间更大，消费者也更有感知度。

拼团式的价格策略，能够促进产品的传播。产品价值向消费者的传播本来是受到品牌和功能两个因素影响，拼团价格策略下，掺杂了人的因素，客户对产品价值的认同更加迅速。拼团式的价格策略可以适用于多种场景和多种产品，但是传播的成败受到产品本身价格组成的影响，也受到产品综合成本因素的影响。

第12章 产品组合价格管理

美国曾做过一项针对各个行业企业的调研，如果能够提高1%的价格，企业利润平均可以上升11.1%。一项针对创维、福特、雀巢、可口可乐公司的调查结果也显示，价格每提高1%，创维公司利润提高28.7%，福特提高26%，雀巢提高17.5%，可口可乐提高6.4%。任何行业，价格对公司利润的影响都是非常大的。

组合定价法是指对于互补产品、关联产品，在制定价格时，迎合消费者的某种心理，把有的产品价格定高一些，有的定低一些，以取得整体效益的定价方法。比如，消费者对滞销、价值高的产品价格比较敏感，反之对畅销、价值低的产品价格迟钝一些，可以适当降低前者价格，提高后者价格，使两者销售相互得益，增加总盈利。需注意的是，高价和低价一般不宜作经常性变动，以维护价格政策在消费者心目中的一贯性。

常见的组合定价有以下几类：

（1）产品线定价，根据消费者不同类型的需求，设计不同功能和品质的产品，如汽车配置；

（2）副产品定价，利用同一产品的不同部分，根据某些消费者具有的差异价值来定价；

（3）捆绑式定价，将数种产品组合在一起以低于分别销售时支付总额的价格销售，核心是单买某一个产品价格很贵，但是购买套餐价格就很便宜，如吃饭时常见的套餐；

（4）备选品定价，即在提供主要产品的同时，还附带提供备选品与之搭配，主要产品便宜，备选品价格高，例如烧烤便宜、啤酒贵；

（5）附属产品定价，类似于二段收费，产品免费但是耗材收费，如打印机和墨盒；

（6）分步式定价，从免费到收费，从收费逐步到收更多的费用，如购买公园门票入园后一些特殊项目再额外收费；

（7）单一定价，把价值接近的商品组合在一起，就会避免消费者对价格的思考和比较，如 10 元店。

以下情景可以考虑使用组合定价：

（1）消费者对同一产品有不同功能、品质上的要求；

（2）从属于主导产品的附属产品为必需品且消费频次高；

（3）产品可搭配定价，通过优惠畅销产品捆绑滞销产品。

除以上情景外，采取组合定价法，要合理确定高价与低价的区域，使消费者易于接受。

12.1 产品功能组合价格策略

产品组合定价策略虽然繁复多样，但除了产品线定价外，可以说都只是盯着某个产品定价本身。现实中，企业有着不同的产品功能组合，如利润产品、常销产品、形象产品、引流产品。

因此，整体的调价除了要和具体的产品匹配，还需要符合产品组合的策略，要与产品结构中不同产品承担的任务相匹配，如此才能更好地完成销售任务。

1. 形象产品调高

形象产品是品牌的形象担当，其主要目的是建立起产品势能，帮助树立品牌形象，而不是利润。因此可以定高价，一般定在产品价格带的上限附近，单个产品利润丰厚，但不追求对整体利润的贡献。

2. 常销产品调低

常销产品是业绩基石，意味着要满足大多数目标客户群的基本需求，而不仅仅是某一个小众群体，以此换取较高的市场占有率。因此，可以采取较低的价格，一般定在产品价格带的中下段，薄利多销，赢得总体销售额。

3. 引流产品调低

引流产品负担起阻击竞品的任务，目标不是销售和市占率，而是吸引潜在的目标客户群群体。另外，引流产品一定要与其他产品有关联性。引流产品的价格通常更低，一般定在产品价格带的最下端，不会高过其他产品。

4. 利润产品保价

利润产品是利润担当，虽然销量可能不如常销产品，但利润率要非常可观，通常是引流产品功能、品质、服务等方面的升级版本，产品价格一般定在产品价格带的中端。

产品结构内不同营销任务的产品价格之间要有比较明显的界限。

12.2 产品层次组合价格策略

需求曲线上有不同的价格 P，例如旗舰版价格、标准版价格和基础版价格，每个价格对应可接受这个价格的客户数量 Q。随着价格不断降低，愿意购买这个商品的客户会逐渐增多。当价格从 P_1 降低到 P_3 时，我们的客户数量从 Q_1 增加到 Q_2，如图 12–1 所示。

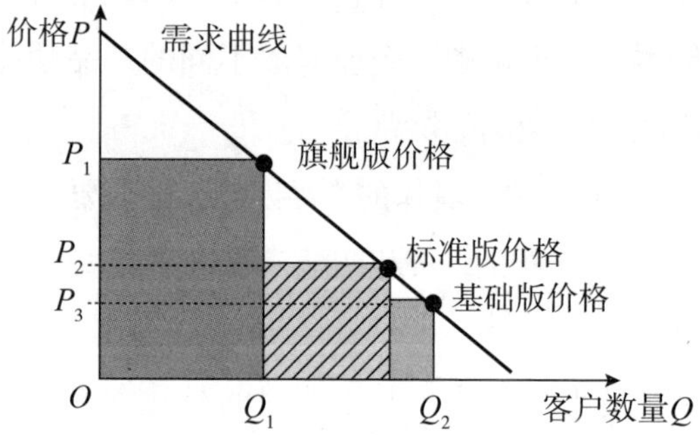

图 12–1　三种版本价格

虽然降价能够带来更多的客户，但也损失了能够从其他客户身上赚取的利润。

那么，什么样的价格是理想的呢？理想的价格是尽量让每一位客户支付其可接受的最高价格，也就是针对旗舰版客户群价格 P_1，针对标准版客户群价格 P_2，以此类推。为了达到这样的目的，首先要做的是，将客户进行细分，针对每一个细分客户群体制定他们愿意支付的最高价格。

根据不同的市场定位，制定不同的价格策略，是企业最基础的定价准则。不过，落脚到现实层面，企业的价格制定还需具体问题具体分析。

应用锚定效应的定价整体分为低价策略和性价比策略。

肯德基“疯狂星期四”定价，其实就是典型的低价策略。目标客户群在企业小程序上通过单价对比发现更加实惠的选项，怀着“捡便宜”的想法下单，从而促进产品销售。

值得注意的是，这类企业产品多为消耗品，在正常情况下一次或几次就可以被消耗掉，且不会影响日常生活，因此目标客户群购买意愿通常主要受价格高低影响。

而对于非耐用品或价格高昂的产品来说，其定价不仅要考虑价格本身，还应考虑到价格与产品性能的适配程度。

基于此，很多企业在介绍价格时，通常会向消费者提供多价位的选择。

例如某品牌真皮沙发为目标客户群列出 3 个价格可选项：

套餐一，标准版，牛皮 + 桉木，三人位 4100 元；

套餐二，升级版，进口纳帕真皮 + 松木，三人位 4500 元（诱导价格）；

套餐三，升级版，进口纳帕真皮 + 松木，大三人位 5000 元。

套餐二比套餐一贵 400 元，却在材质上提升了一个档次；而套餐三只比套餐二多了长度，却贵了 500 元。对比之下，套餐二显然更划算，而目标客户群也会倾向于用稍微多一点的钱购买质量更好的产品。此时可以发现，套餐一和套餐三在此处的作用，更多是作为参照对比而非促进销量。

企业报价希望给客户 3 ~ 4 个清晰的选择，避免客户选择障碍，减少销售摩擦。更重要的是，这使得产品的每个价格版本都有一个清晰的应用场景，更有利于客户理解产品，帮助客户实现产品价值。

产品应该更关注“场景”而非“功能”。场景是相对稳定的本质，功能是浮在上面的表象。

产品的不同型号往往按照价格为主要区分度，所以价格的区分度非常重要。区分度太大或太小起不到产品商业模式所期望的作用。

12.3 价格歧视管理

价格歧视管理是指同样的产品，针对不同的消费者收取不同的价钱，也是价格组合管理，实现公司利润最大化的一种方法。

例如某西式快餐，原来他们的冰淇淋卖2元，怎样改变定价增加利润呢？

如果提供3种冰淇淋，可以将一种冰淇淋定价1.5元，一种2.5元，另一种6.5元。通过宣传1.5元的特价冰淇淋吸引更多的顾客光顾，但是到店之后，人们发现居然有3种冰淇淋可选。事实上，很可能会有20%的人购买1.5元的，70%的人购买2.5元的，10%的人购买6.5元的。增加的6.5元冰淇淋并不是为了卖出去，而是以它作为价格参考点，让2.5元的冰淇淋看上去没那么贵，让本想购买1.5元的人去购买2.5元的冰淇淋。

当然，有时候可根据购买比例适当调整价格，比如增加了6.5元价格的冰淇淋，但居然发现买6.5元冰淇淋的人达到了25%。这就意味着，6.5元的参考价格已经不够高了，你有更大的利润可赚。

某咖啡品牌就是这样，以前也只有中杯、大杯、更大杯。因为他们想将大杯作为主力杯型来卖，但是发现价格偏贵的更大杯的销量居然也不错，已经不能成为一个合格的参考点了，反而有成为主力杯型的可能。之后，该企业就引入了一个新的杯型——超大杯。这款超大杯咖啡有916毫升，而人的胃的容量平均是927毫升，一般人很难喝完，因此很少有人买这款超大杯型的咖啡，它的推出就是作为一个参考点，让原来的更大杯看上去很合理。自从它推出之后，更大杯的销量就翻了一倍。

如何做好价格歧视管理呢？

1. 优惠活动：用时间成本区分消费者

电商网站上充斥着各种优惠信息：积分返现、买2送1、满199减20、满399减50、优惠券、定金立减……

消费者想要获得最低价，还要知道满减和积分能不能同时使用、特价商品是否参加买2送1等复杂信息。甚至网上还会流传每年“双11”的优惠攻略。既然降价可以提升销量，为什么企业不简化流程直接打折呢？

这是因为，企业需要通过规则复杂的活动来区分愿意付出时间、研究优惠信息的人和不在乎优惠信息直接下单的人，让他们都支付愿意支付的最高价格。

2. 限制购买：通过限制主动权区分消费者

买打折的衣服可能要等到换季，为什么不能在想要的时候立刻拥有？为什么一样的配置，土豪金手机要贵一些？为什么买一送一往往都是赠送指定商品？

这也是企业区分客户的手段。通过限制消费者的主动权，例如限制下单时间、购买品类，从而达到区分消费者支付意愿的目的。想要低价，只能在“双 11”下单，只能在参加活动的几款商品中选择。

3. 限制选择权

给特定款式降价也属于价格歧视的一种。比如蓝、黑、红 3 种颜色的同型号鞋，只给红色的鞋降价，那喜欢这个款式但对颜色没有那么高要求的朋友就可以开心地把鞋子抱回家了。这个案例也有另一种应用价格歧视的卖法：颜色随机发，如果想选特定颜色，得加一些钱。

吉祥号码则相当于给特定款式涨价，例如如果想使自己的车牌号、房号、手机号是吉利数字，可能要加钱。

有时也会给“可能的瑕疵品”降价。当然降价的不一定是瑕疵品。有时候企业想要把一些库存货物低价甩卖掉，但是因为缺少渠道，所以只能放在原来的渠道里卖。这样就存在着一个问题——之前买贵了的消费者会找上门来要求退款。这样的人如果多了，会给企业造成很大压力。新建一个同款低价商品，但是备注“可能会有微小瑕疵，但已经过亲自挑选”之类的话可以避免这样的问题，还不会打压自己正价商品的销售。

4. 惩罚性定价

惩罚性定价是让后买的目标客户付比早买的目标客户更多的钱，目标客户为了防止买贵会选择趁早下手。例如一门爆红的营销课就是典型的“惩罚性定价 + 多级分销”，该课程最初定价 19.9 元，每满一万人购买就涨价 5 元。

第四篇

产品价格竞争战略

价格战是竞争中最有威力的一种策略，往往会有出奇制胜的效果。

第 13 章 认识价格战

作为商业竞争中常用的手段之一，价格战一直备受企业青睐，不少企业在自身占据优势的情况下，也会主动发起价格战逼迫对方让步。但价格战属于“伤敌一千，自损八百”的策略，那么为什么企业还要主动发起？

13.1 价格战不同角色

价格战发生是因为它真的有效果。新店开业酬宾总会有大量顾客排队采购，直播电商通过低价大量吸引用户，都是成功案例。

在这样的背景下，每家企业都握着价格这把枪，试图在合适的时候扣下扳机。根据处境的不同，将他们分成 4 种角色：“侵略者”“抢跑者”“主导者”“被动者”。

（1）“侵略者”，一般是指以新玩家的形象出现。他们携大量资金，以低价为武器冲击行业原有格局。例如电商行业的拼多多、快递行业的极兔。如何把握低价亏损和规模增长的平衡，是“侵略者”面临的主要难题。用雷军的话讲，既要“有诚意”又要“亏得起”。

（2）“抢跑者”，常见于新兴赛道。企业之间比拼的是扩张速度，“砸钱获客”成了必选项，例如早年的外卖、网约车、社区团购等。

（3）“主导者”，一般是行业头部企业。他们挑起价格战的时机，往往是“行业供给饱和，进入出清模式”的时候。新能源车领域及咖啡饮品领域都属于这一类。这类价格战逻辑基于自身规模优势，用自己能承受但同行无法承受的低价把对手挤出去，进一步做大规模。

（4）“被动者”，是指所有被动参与价格战的企业，既可以是受冲击的原有企业，也可以是竞争胶着的全体企业。总有企业试图通过以价换量破局。

这 4 种角色并非是固定的，很多时候会动态变化，主动挑起价格战的企业可能会砸了自己的脚，被动跟随的企业也可能打出防守反击。

以某经济型酒店平台为例。2017 年，该企业进入中国市场，用低门槛加盟和低价房间策略迅速打开市场，一度冲击了原有的中国酒店行业格局，但不可持续的商业模式，最终还是使其在中国市场败退。

13.2 价格战的驱动力

不同的角色和场景，塑造了不同走向的价格战。但归根结底，企业打价格战的内在驱动力主要是规模和竞争地位。

1. 规模驱动

规模驱动，指的是用低价实现或强化规模效应，同时优化成本，让原本不易承受的低价变得可承受。

对于挑战者来说，价格战是通向规模效应的快捷路径。

为了做“百亿补贴”，某电商平台早期花了很多钱。2020 年第一季度，用于商品直接补贴销售及市场推广的费用为 72.97 亿元，远远超过了 65.41 亿元的总营收。“烧钱”换来了正向结果，“百亿补贴”成了超级入口，更多经销商愿意入局，平台获得了多元货源供给，也不再完全需要自己出钱补贴配合抽佣等变现手段，曾经拖累财务表现的项目成了变现的重要资产。

某快递品牌在中国也上演了类似的故事。作为行业后来者，其于 2020 年进入中国市场，靠低价战术搅动行业，迅速起量，在做大规模的过程中优化经营。2023 年，该品牌在中国的市场占有率达 11.6%，毛利率为 1.1%，而其 2022 年毛利率为 –16.2%。公司对于财务指标优化的解释是单票收入保持稳定，而单票成本持续下降。

新玩家可以用价格战通往规模效应，反过来，已经具备规模效应的玩家也可以用价格战逼退对手。

2023 年，某国外新能源汽车发动价格战，国产车企迅速跟进，行业价格

“内卷”白热化。目前，尽管各车企仍深陷价格战中，行业新格局尚未清晰，但那些未形成可观规模且资金不足的车企，已经在价格战中倍感煎熬。

2. 竞争地位驱动

竞争地位驱动是指企业希望用低价扩大份额，进而在竞争中取得胜利。

拥有规模优势再来打价格战，显然是更理性的选择。但很多时候，企业会在尚未建立可持续商业模式的时候发动价格战，试图比对手活得久一点，进而收割胜利果实。

这是典型的竞争驱动思路。竞争驱动的价格战十分惨烈，战局中的所有参与者都要付出代价。相对理想的情况是，极少数玩家留到了最后，且愿意用合并的方式结束厮杀，释放盈利空间。滴滴和快滴合并、美团和大众点评合并都是案例。

并不是所有企业都能成为最后的胜利者，更多时候是价格战的牺牲品。例如生鲜电商、社区团购领域里不少公司在价格竞争中倒下，以社区团购为例，竞争最激烈的时候，一些企业可以花几万元抢一个团长，并用超低的价格吸引用户。低质量的价格竞争和不可持续的商业模式，最终埋葬了许多企业。

产品服务较为同质化的行业，竞争格局往往是僵持的，且没有人愿意抬高枪口，所有人都深陷价格泥潭。

价格战的结果是降低心理锚点，摧毁用户忠诚。

长期的价格竞争，会让市场形成“这个产品只值这个价”的心理锚点。很多产品或服务同质化的行业进行非理性的降价，既伤害对手也伤害自己。长此以往，客户需求形成“价低者得，不行就换”的情况，毫无忠诚度可言，行业难有赢家。

同样，制造业产业链长，牵一发而动全身，价格战导致下游企业薄利经营，上游供给中一旦有原材料涨价，企业就会变得被动。

有人认为价格战利好消费者，但其实不全是这样。虽然短期利好消费者，但会损害企业的经营能力，长此以往，企业要存活，只能降低产品或服务质量，或者强行创造新的变现手段，最后都是消费端买单。

真正利好消费者和企业的价格战，对应的是通过深层次提高效率或技术创新提升产品价值的竞争。国产家电和手机都经历过这个过程，行业赢家也用出色的产品和供应链管理能力证明了积极价格战的价值。

只要竞争还在，价格战就会一直存在，而只卷价格不卷效率和价值的竞争，产生不了赢家。

13.3 非传统价格战

关于价格战，很多人想到的是低价。但纵观商海，不少企业通过非传统价格战巧妙赢得市场，例如从“千团大战”中脱颖而出的美团、率先完成数字化转型的招商银行、稳坐电影票经营龙头的猫眼电影。企业在进攻、防御、巩固等不同的竞争地位时，都可以创新使用非传统价格战。

应用非传统价格战的核心是创新发现行业存在的核心痛点，即洞察目标客户群普遍认为的不合理要求或低价值感的点，创新思路破解行业痛点，其他竞争对手只能被迫跟进或退出市场。

13.3.1 美团创新团购券过期退政策

过去的“千团大战”，是一场让人印象深刻的典型价格战。最高峰的时期，国内有上千家团购网站加入。他们疯狂“烧钱”打价格战，绷紧现金流抢占市场。

2011 年 3 月，美团率先开启过期退政策，停止无休止地打价格战，而是承诺消费者，优惠券过期后自动返还。与此同时，在当年 3 月 31 日前，美团将之前未消费的 1000 多万元退还给用户。

这个看起来很简单的价格策略政策，在当时却如同重磅炸弹。因为在此之前，很多消费者购买优惠券后，因时间无法安排等原因没有及时消费，只能过期浪费。美团这一非传统的价格战策略，不仅博得消费者好感，更让大量团购网站被迫跟随，以致资金链断裂，一大批熬不过的团购网站纷纷倒下。

13.3.2 招行网上转账免费的防御策略

价格战不是民企专属的，传统银行也不例外，比如理财收益率大战、信用卡分期促销、商家优惠大比拼。2015 年前后，传统银行面临着新兴互联网支付机构的严峻挑战。支付宝、微信支付等第三方机构崛起，给消费者带来更便捷的支付体验，在买菜、吃饭、打车等碎片化场景中，使用支付宝或微信等就可以直接支付，而且本平台转账不会额外收费。

在这之前，用户使用银行卡跨城、跨行转账都要支付手续费。为了应对互联网金融的冲击，招商银行开始破冰，推出网上转账全免费的策略。自 2015 年 9 月 21 日起，所有个人客户通过招商银行网上个人银行、手机银行 App 办理境内任何转账业务，包括异地和跨行转账，均享受零费率。

其他银行由于不愿意主动转型，并没有积极跟进。2016 年 2 月开始，各大银行才开始小步慢行，通过网上转账费率打折、小额跨行转账免费、金融联盟转账免费等形式，应对互联网金融带来的冲击。

在 2015 这一年，招行占尽了先发优势，App 累计下载量超过 6000 万，累计交易超过 25 亿笔，同比增长了 182.10%。

13.3.3 猫眼电影票退改签政策

电影在线票务市场的价格战也相当激烈，9.9 元、18.8 元一张的电影票在各售票 App 上随处可见。“烧钱”补票后的网站，要么被收购，要么倒闭消失。9.9 元电影票的鼻祖——猫眼电影，依靠母公司美团平台上大量的用户转化，获得 60% 的市场份额。

从 2016 年开始，猫眼电影决定不再启用低价策略，而是创新性地推出电影票退改签政策，多年的“电影票一经出售概不退换”的行业潜规则就此打破。

2016 年 1 月 8 日，猫眼电影对外宣布，电影票退改签业务正式上线，只要是通过猫眼电影 App、美团网电影频道、大众点评电影频道购买的电影票，在开场前 30 ~ 120 分钟，均可免费在同一家影院任意更改观影场次及影片，而消费者在改签之时亦无须退票，在已付票款基础上调整价差金额即可完成改签。

然而，因为各大院线的规模大，拥有较大的话语权，所以在线票务网站要说服院线接受免费退改签，并非易事。

当以猫眼电影为首的票务巨头把这项政策推广开来后，其他小型在线票务平台就只能在“跟进”与“灭亡”之间作出选择，因为消费者会用真金白银告诉你答案。

13.4 竞争环境下的价格管理

在竞争激烈的市场环境中，价格管理不仅是企业盈利的核心杠杆，更是争夺市场份额、防御竞争对手的关键战略。有效的价格管理需动态平衡成本、价值、客户感知与竞争博弈。

13.4.1 竞争环境下的价格管理核心目标

（1）保持盈利性。

避免盲目降价导致利润侵蚀，确保价格覆盖成本并贡献合理毛利。

（2）防御性定价。

通过价格策略构建竞争壁垒，限制对手进入或扩张。

（3）灵活性响应。

实时监控市场变化，快速调整价格以应对竞争突袭。

（4）强化客户价值感知。

通过价格传递差异化价值，弱化纯价格竞争。

13.4.2 竞争价格管理的核心内容

1. 竞争情报系统

（1）数据采集。

自动化工具：使用爬虫等自动化工具实时抓取竞品价格、促销信息、库存状态。

人工渗透：销售团队或第三方获取线下渠道价格数据（如零售店、经销商报价）。

（2）分析维度。

价格带分布：识别竞品主力关键产品的定价区间，定位自身产品的价格卡位（高端 / 中端 / 入门）。

促销规律：分析竞品折扣频率、幅度。

成本反推：通过竞品价格、市场份额、财报数据估算其成本结构。

例如，某大型商城利用 EDLP（每日低价）算法，每小时扫描竞品价格，自动调整商品定价，确保始终低于对手 1%～3%。

2. 动态定价策略

动态定价策略是一种基于实时市场供需变化、消费者行为及外部环境因素调整价格的策略，旨在实现收益最大化或资源最优配置。

（1）适用场景。

在供需波动显著的行业中，如航空、酒店，动态定价策略被广泛应用以应对需求的不确定性和供给的刚性约束。在竞争强度高且价格透明的行业中，如电商、快消品，动态定价策略的核心目标不仅是应对供需波动，更是通过实时价格博弈抢占市场份额。优化消费者转化率。在此类市场中，消费者可快速获取多平台价格信息，企业需以敏捷的价格调整能力维持竞争力。

（2）技术实现。

AI 定价引擎：输入成本、需求预测、竞品价格、库存水平等数据，输出最优价格，如某出租车的高峰溢价模型。

规则引擎：预设调价条件，如当竞品降价 5% 时自动跟降 3%。

例如，某线上商城 80% 商品价格每 10 分钟更新一次，利用动态定价实现转化率提升 12%，同时压制对手。

3. 价格战防御体系

（1）防御策略选择矩阵，如表 13 1 所示。

表 13–1　防御策略选择矩阵

竞争强度	自身优势	应对策略
小（垄断 / 寡头）	大	维持溢价，通过技术升级巩固壁垒
中（多强竞争）	中	局部价格战（聚焦核心产品）+ 增值服务捆绑
大（完全竞争）	小	成本重构（如供应链垂直整合）+ 退出低效市场

（2）具体手段。

价值捆绑：将低价产品与高利润服务捆绑，如打印机 + 墨水订阅。

价格区隔：推出“战斗品牌”专攻低价市场，保护主品牌溢价。

非对称反击：避开直接价格对抗，强化品牌、服务或交付优势。

例如，当某竞争对手发起百亿补贴时，某线上商城选择在家电领域强化“正品 + 物流”价值，而非全线降价。

4. 客户价值沟通

（1）“价格—价值”锚定。

营销教育客户关注总拥有收益，而非初始价格，例如工业设备强调节能效率降低长期使用成本。

（2）价格合理化工具。

对比表：直观展示自身产品在功能、服务上的优势，如某新能源汽车官网对比其新能源汽车与燃油车的使用成本。

成本透明化：公开原材料成本上涨数据，解释调价必要性，如某咖啡馆发布咖啡豆期货价格走势。

13.4.3　价格管理落地流程

1. 竞争基准定价

（1）确定对标竞品（直接竞品 + 替代品）。

（2）采集全渠道价格数据，绘制价格热力图。

（3）结合自身成本与目标毛利，设定基准价格区间。

2. 价格弹性测试

（1）历史数据回归。

分析过去价格变动对销量的影响，计算 PED（价格弹性系数）。

（2）A/B 测试。

在部分区域 / 渠道试点调价，观测客户反应，如某关键产品降价 5%，对比对照组销量变化。

（3）决策规则。

若 PED ＜ 1（刚性需求），优先提价或维持高价。

若 PED ＞ 1（弹性需求），谨慎降价，避免利润流失。

例如，某国际公司通过分国家涨价测试，发现欧洲市场 PED=0.7，可承受更高涨幅，适合涨价，而印度市场 PED=1.2，则需控制涨幅。

竞争环境下的价格管理本质是通过科学决策将价格从被动防御工具升级为主动战略武器，在红海市场中开辟可持续增长路径。做好竞争价格管理需要提升自己的洞察力、敏捷力和定力。

洞察力：通过数据穿透竞争迷雾，识别价格博弈的关键战场。

敏捷力：构建自动化定价系统，实现分钟级响应竞争变化。

定力：坚守价值底线，避免被短期竞争拖入无利润区。

第 14 章 价格战的本质

为什么很多行业产品总是陷入价格战?

价格战背后更深层的战略逻辑不在于市场份额，而是通过价格竞争争夺市场中不可扩张的核心资源，从而构建垄断壁垒。这揭示了价格战的终极目标可能是控制稀缺资源以重构市场规则。

14.1 价格战争夺稀缺资源

14.1.1 不可扩张资源的本质与分类

不可扩张资源的核心特征是稀缺性、排他性和不可复制性，其价值不随市场扩张而稀释。典型类型包括以下几种。

1. 物理性稀缺资源

包括矿产开采权（锂矿、稀土）、港口经营权、频谱资源（6G 频段）、土地（核心商圈位置）等。例如，沙特阿拉伯的阿美公司通过控制石油资源定价权影响全球能源市场。

2. 注意力资源

指用户时间、心智占有率（如短视频平台的用户日均使用时长）。例如，社交平台通过算法争夺用户注意力，挤压其他内容平台的生存空间。

（1）生态位资源。

指平台经济的双边网络效应（如滴滴的司机与乘客规模）、社交关系链（微信的熟人网络）。例如，某网络平台通过补贴战抢占本地生活服务入口，形成“用户—商家—骑手”的闭环生态。

（2）制度性垄断资源。

指专利技术（如大疆无人机的三轴云台稳定技术）、行业标准（如 5G 通信协议）、牌照（金融支付牌照）。例如，某高科技公司通过专利授权费控制手机行业，形成“高通税”壁垒。

14.1.2 价格战如何服务于资源独占

1. 短期补贴：抢占资源入口

通过低价甚至亏损（如社区团购“1 分钱买菜”）快速吸引用户，形成规模效应，迫使对手退出后独占资源。因为用户习惯一旦养成，迁移成本极高（如外卖平台的会员体系）。

2. 挤压对手资源获取能力

通过价格战消耗竞争对手的现金流，使其无力争夺稀缺资源（如竞标关键基础设施）。例如，某网络平台长期低价压制零售业利润，迫使传统零售商退出后垄断物流网络资源。

3. 构建资源使用权的定价权

控制资源后，从产品定价转向资源定价，其本质是将不可扩张资源转化为收税权。

14.1.3 与传统的市场份额论的本质差异

传统的市场份额论是商业战略和经济学中的经典理论，其核心观点是企业的市场份额与其盈利能力、竞争优势和长期生存能力直接正相关。该理论强调，通过扩大市场份额，企业能够实现规模经济，增强市场控制力，并最终提升利润水平。

价格战的本质若聚焦于不可扩张资源，则揭示了市场竞争的本质是资源产权的争夺。企业表面上在打价格战，实则是通过价格杠杆重构资源分配规则，即谁能以最低成本控制关键稀缺资源，谁就能定义市场的未来。这种竞争已超越单纯的经济学供需模型，进入资源主权战争的维度。如表 14–1 所示。

表 14–1　不可扩张资源视角与传统市场份额视角的价格战的差异

维度	传统市场份额视角	不可扩张资源视角
竞争目标	用户数量、销售额占比	控制稀缺资源的排他性使用权
战略重心	短期市场占有率	长期资源垄断壁垒
定价逻辑	降价吸引用户	通过低价消耗对手，高价垄断资源收益
典型行业	快消品、家电	互联网平台、能源、通信、专利密集型行业

14.2　价格战接受亏损

企业在价格战中接受短期亏损通常是出于战略目的，但需谨慎权衡利弊，避免陷入长期不可持续的恶性竞争。

14.2.1　价格战接受亏损的常见动因

1. 市场扩张战略（常见于互联网行业）

典型案例：滴滴早期补贴大战、瑞幸咖啡低价扩张。

逻辑：用亏损换取用户增长，通过规模效应摊薄成本。

关键指标：CAC（用户获取成本）与 LTV（用户生命周期价值）的平衡。

2. 竞争防御 / 进攻

防御案例：格兰仕微波炉通过规模生产承受价格战。

进攻案例：2012 年京东家电价格战对抗苏宁家电。

需评估竞争对手资金耐力、市场集中度变化趋势。

3. 库存清理与现金流回笼

适用于服装行业季末清仓、电子产品迭代期。

需计算库存持有成本与折价损失。

14.2.2　风险评估框架

价格战的风险评估如表 14–2 所示。

表 14–2　价格战的风险评估

	短期风险	长期风险
财务风险	现金流断裂（58% 中小企业倒闭主因）	资本结构恶化
市场风险	消费者价格敏感度固化	行业利润率永久性下降
战略风险	被迫延长价格战周期	错失转型升级窗口期

14.2.3　历史教训（2000—2020 年价格战研究数据）

成功率：仅 23% 的价格战发起者实现净收益。

幸存者特征：平均现金流储备为行业平均水平的 2.7 倍。

恢复周期：价格下调 10% 需 9 ~ 15 个月恢复利润率。

企业在价格战中接受亏损应是战术选择而非战略常态。应该建立价格战红绿灯机制，当亏损导致现金储备低于 6 个月运营成本，或核心用户留存率下降超过 15% 时，应立即启动退出预案。真正的竞争优势应建立在供应链效率、技术创新和用户运营能力上，而非简单的价格博弈。

第 15 章 价格战的应对

商场如战场，价格战无处不在。价格战是一把双刃剑，有能力接招的企业会获得短期的利益，而不能抗住冲击的企业，可能在残酷市场竞争中出局。

面临价格战时应该怎么应对？

价格战本质是综合实力的较量，长期靠锁住关键资源，短期靠战术组合。

15.1 价格战要锁住关键资源

在价格战中，锁住关键资源是避免陷入“杀敌一千，自损八百”陷阱的核心策略。企业需要围绕资源控制权构建“护城河”，防止价格战演变为纯粹的资本消耗战。

15.1.1 价格战中关键资源锁定策略

1. 供应链控制权锁定手段

（1）签订排他性产能协议，如某新能源汽车电池生产公司与锂矿企业的长单锁定。

（2）建立供应商股权绑定，如某空调电器公司参股核心零部件厂商。

（3）推行供应商库存管理模式，如戴尔模式降低周转成本。

例如美国某新能源汽车公司在 2021 年全球芯片危机中，通过提前与某芯片主要生产商签订 3 年产能包断协议，确保新能源汽车生产不受影响，而同期主要竞争对手因芯片短缺减产 40%。

2. 核心技术壁垒防御策略

（1）专利丛林布局，如华为 5G 专利交叉授权防御。

（2）工艺技术黑箱化，如可口可乐配方百年保密机制。

（3）研发人才竞业限制，如某高科技公司的算法团队签约条款。

根据 WIPO（世界知识产权组织）统计，拥有超过 500 件有效专利的企业，在价格战中的毛利润损失比无专利企业低 37%。

3. 核心用户资产

（1）识别高价值用户，如航空公司的常旅客计划。

（2）设置迁移成本，如某创意应用软件公司的订阅制。

（3）构建用户数据闭环，如某汽车用户社区运营。

4. 资金储备池管理机制

（1）设立价格战专项储备金，如不低于 6 个月运营成本。

（2）动态监测现金消耗率，如每日资金穿透测试。

（3）建立止损触发线，如 ROI（投资回报率）小于 1.2 立即退出。

5. 数据资产壁垒构建路径

（1）实时竞品监控，如利用爬虫系统和 API 接口。

（2）动态定价引擎，如某出租车品牌的峰值动态定价的算法。

（3）需求预测模型，如某大型服装品牌的 14 天快反系统。

6. 战略资源卡位特殊场景应对

（1）牌照资源，如滴滴公司早期出租车牌照快速收购。

（2）基础设施，如某快递公司网络物流枢纽布局。

（3）特殊渠道，如某饮料品牌的 5 年 30 万台冰柜投放计划。通过终端冰柜投放，将渠道拦截成本降低 60%，竞品进场费提高 3 倍。

15.1.2　关键资源锁定的执行原则

1. 提前量原则

在价格战爆发前 6 ~ 12 个月完成资源布局，如某网络商城公司物流自建仓配网络。

2. 不可逆投入原则

选择沉没成本低的资源投入方向，如某国际大芯片公司的 3nm 晶圆厂建设。

3. 动态评估原则

建立资源价值衰减预警模型，如技术生命周期曲线监测等。

15.1.3 资源反锁定防御机制

（1）技术迂回，如某新能源汽车的刀片电池绕过三元锂电池专利封锁。

（2）生态替代，如鸿蒙系统突破安卓封锁。

（3）场景再造，如某教育集团从教培转型为直播电商。

价格战本质是资源配置效率的战争，资源锁定能力决定了企业从“以价换量”到“以量筑墙”的转换效率。建议每季度更新关键资源防御系数评估表，确保核心资源始终处于可控安全边界内。

15.2 价格战应对策略

15.2.1 优化产品组合

优化设置自己的产品组合，提高产品之间协同作战能力，是提高应对价格战的良方。按照商品功能，设置多个产品组合，分别承担不同的销售功能，例如形象产品、利润产品、引流产品、阻击竞争对手产品等，产品之间形成协同作战的优势。

降价的重心放在引流产品上，以此引来流量，然后靠利润款来挣钱。如果对手也有引流款和利润款，那就放弃引流款，把他的利润款当作自己的引流款。

形象款就是用来提升自己的产品品牌在消费者心中的形象，让其觉得买利润款理所当然。

利润款产品就是贡献利润的商品，引流款产品可以不赚钱，利润款产品必须赚钱。比如，有两个卖水的小摊，A 摊只卖水，2 元一瓶，其引流款就是利润款，那 B 摊就可以卖 1.5 元一瓶水，同时卖冰棍，从冰棍上赚钱，这里矿泉水就是 B 摊的引流款产品，冰棍是利润款产品。

有 C、D 两家美容院，产品和服务都是同档次，C 的引流款是洗牙，利润款是护肤，那么 D 就可以放弃洗牙服务，在护肤服务上降低价格，把护肤做成自己的引流款，然后从保养服务上赚钱。这样一来，洗牙的客户都到 C 那里去了，但是洗牙不赚钱，C 赖以赚钱的护肤客户都被 D 抢走，D 就有机会保护自己的利润款。

产品组合的核心在于，把对手的利润款当作引流款，而不是在同类产品上拼价格，以此避免正面交锋。

15.2.2　优化降价策略，加强目标客户感知

设计并强化产品的综合价值，即功能价值、体验价值和传播价值，通俗来讲就是能用、好用、有意思。

比如一碗面，能吃饱是功能价值，好吃且拥有优雅的环境和体贴的服务是体验价值，面馆由三代人经营是传播价值。

低价只关乎“能用”，“好用”和“有意思”才是溢价。强化产品的综合价值，让自己跟别人不一样，就是差异化竞争，而差异要体现在客户容易感知的地方。

什么是容易感知的地方？比如手机，多数品牌一直强调自己在充电、续航、拍照、屏幕等方面的优势，因为这些很容易让客户感受到。

另外，还可以通过优化降价策略，让顾客感觉自己占了便宜。比如 2000 元的空气净化器，别人降价 300 元，卖 1700 元，你可以卖 1800 元加送一个标价 200 元的加湿器。

如果优惠力度差不多，可以拉长时间线，比如一件产品成本 40 元，标价 100 元，别人降价到 80 元，赚 40 元，你可以降到 85 元，并且送一张满 100 元返 40 元的券以供客户下次使用。

即便是直接降价，也讲究降价技巧，低价产品强调折扣比例，高价产品强调降价金额。

15.2.3　打乱比价模式

分析自己公司的产品关系，创新各种产品组合的价格策略，打乱消费者

的比价模式。

对于具有互补关系的两个产品，通过有意识地以优惠甚至亏本的价格出售一种产品，从而达到促进销售有更多盈利的互补产品，以求获得整体有利。

根据产品关系，可参考以下几种组合。

1. 产品便宜但耗材贵

对于产品与耗材的互补产品来说，可采取主产品便宜而耗材贵的组合。如剃须刀与剃须刀片的组合，将剃须刀以成本价或接近成本价的价格进行出售，目的是促使顾客在将来购买更多的、利润更高的替换刀片。再如，牛奶的利乐包包装，机器很便宜，但专用纸贵；自动售货机，以低价卖机器，然后从货品上挣钱。

2. 软硬件捆绑

例如 10000 元 / 平方米的房子，带上 500 元 / 平方米的装修，就按 12000 元 / 平方米的精装房卖。

3. 产品“升级”

通过创新进行的产品功能升级，也包括产品组合的优化调整，比如卖水果，苹果、香蕉、草莓、樱桃各 20 元，放一块加个篮子就可以卖 80 元。

4. 互联网玩法

比如杀毒软件免费，从导航搜索上卖广告挣钱；线上平台开店不要钱，通过推广直通车赚钱；某些商场不要商户租金，但是要从商户流水中扣点。

5. 打包玩法

比如某电影院优惠卡，单人 600 元、两人 1000 元，全年不限次数观看电影。

15.2.4　专注自身领域

如果自身实力并不强劲，当价格战很激烈的时候，先不要让自身卷入到价格战当中，不该参与的价格战不要参与。

精准并专注于自身企业的产品定位，争取在某一细分领域或区域，做到第一或是唯一。

具体做法，一种是从产品入手，在品类上“抢地盘”；还有一种是从渠道入手，在顾客中“抢地盘”。

1. 在品类上“抢地盘”

（1）可以给个场景或概念，比如怕上火喝王老吉，送礼就送脑白金，困了累了喝红牛。

（2）可以给予情感代入，比如买鸿星尔克是支持国货。

（3）可以提出新标准，比如金龙鱼的 1:1:1 才是好油，天然牧场才是优质乳蛋白。

（4）可以提出新功能，比如飘柔是为了柔顺，海飞丝是为了去屑。

（5）可以提出新方式，比如传奇公司提出网游不应该按时间收费，而应该按道具收费。

（6）可以提出一个口号，比如“开不坏的卡罗拉”。

2. 在顾客中“抢地盘”

重点是想清楚产品要卖给谁，再从包装策划和渠道入手，把产品做成顾客想要的样子。比如，同样的加湿器，加上“母婴专用”，就能比普通的贵一半；同样的茶叶，加上“大师作”，就比普通茶叶贵几倍；同样的紫砂壶，是当茶器卖，还是当手工艺品卖，或者是当收藏品卖，价格是不一样的。